REINKE · WIE BAUE ICH MEINE YACHT

KURT REINKE

Wie baue ich meine Yacht?

Systeme + Bauweisen
Ratschläge + Warnungen

VERLAG KLASING + CO GMBH · BIELEFELD

2. Auflage

ISBN 3-87412-072-4

Einbandgestaltung: Eckehard Schonart

Printed in Germany 1984

Druck: Druckerei Ludwig Auer, Donauwörth

Inhaltsverzeichnis

0 Vorwort

Dieses Buch über die sehr unterschiedlichen Möglichkeiten des Yacht-Selbstbaus soll dem noch uninformierten Selbstbauwilligen als Leitfaden dienen.
Es zeigt anhand von typischen Beispielen die grundsätzlichen Systeme und Bauweisen auf, die sehr unterschiedliche Anforderungen an das Können, den Arbeitsstunden-Aufwand und den Kapitalbedarf stellen.
Parallel zu den schon bekannten Selbstbau-Systemen mit fertigen Montagesätzen und Ausbaupaketen wird hier erstmals auch der echte Selbstbau von Yachten dagegengestellt und verglichen.
Der Yacht-Selbstbau hat Dimensionen erreicht, die früher nie denkbar waren. Die handwerklichen Fähigkeiten sind bei Tausenden vorhanden, – spezielle Selbstbauliteratur, ungenutzte Freizeit und ein kleines Grundkapital als Basis ebenfalls. Diesem Zweig des Yachtbaus kommt nicht zuletzt deshalb eine ständig steigende Bedeutung zu, weil der progressiv eingestellte Bürger durch seine Eigeninitiative auch seinem Partner oder seiner Familie ganz neue Lebensdimensionen erschließt. Er durchbricht damit die Norm des kleinen, trägen Konsumbürgers und beweist Zielstrebigkeit, Können und Ausdauer. Während er dabei gleichzeitig, ohne steuerliche Bestrafung, ganz erhebliche Werte schafft, hat sein Materialbedarf auch noch ganz beachtliche volkswirtschaftliche Bedeutung durch Beschäftigung von Herstellern und Handel.
Selbst der Deutsche Boots- und Schiffbauer-Verband anerkannte und bestätigte, daß Selbstbau-Aktivitäten keineswegs das Aufgabengebiet der Bootswerften beeinträchtigen, sondern eher eine Ergänzung darstellen.

Weil der Yacht-Selbstbau sehr aktuell geworden ist, nutzen jedoch auch Serienyacht-Hersteller die Möglichkeit, unmontierte Serienfabrikate, mit

kleinem Preisnachlaß bei gleichzeitigem Wegfall der Garantie für das fahrfertige Schiff, als Selbstbau-Systeme zu verkaufen. Dadurch wird der Grundgedanke des Selbstbaus, nämlich die Kostenersparnis, mindestens stark verwässert.
Aus genau diesem Grunde habe ich einige Mühe darauf verwendet, die Verhältnisse von Kosten und Arbeitsstunden-Aufwand möglichst systematisch zu ermitteln und offenzulegen. Auch für den Yacht-Selbstbau erscheint mir der gesunde Realismus angebracht, sich nicht in Basteleien zu verzetteln, sondern fachgerecht, rentabel und wertbeständig zu bauen.

Kurt Reinke, Bremen

0.1 Definition des Begriffes „Yacht“

Als Yacht wird seit alten Zeiten das Wasserfahrzeug bezeichnet, das nicht kommerziellen Zwecken, sondern dem Spaß, der Entspannung oder dem Sport diente. Dazu gehörten offene Motorfahrzeuge, ballastlose Bojer und Tjalken genauso wie kenterbare Jollenkreuzer und sinngemäß auch alle Arten von Jollen. Für letztere verwendet man heute lieber den Oberbegriff Sportfahrzeuge. Dieser Begriff trifft jedoch bei anderen Booten wie komfortablen Motorkreuzern wohl kaum deren Sinn und Verwendungszweck.

Wer heute von einer Yacht redet, meint damit praktisch ein mehr oder weniger seefähiges Wassersportfahrzeug geschlossener Bauweise für den nicht kommerziellen Einsatz.

Ein selbstlenzendes Cockpit und die Kentersicherheit eines als Yacht bezeichneten Segelfahrzeugs werden dabei gedanklich praktisch immer vorausgesetzt.

In diesem moderneren Sinne jedenfalls definiere ich den Begriff Yacht für das Thema dieses Büchleins. Es ist hier also im folgenden weder die Rede von kenterbaren und offenen Sportfahrzeugen wie Jollen, Jollenkreuzern oder Katamaranen, noch von offensichtlich nicht seefähigen Wohnbooten oder all den Mehrrumpfbooten, die ballastlos und nicht kentersicher leichtsinnig über See gehen und deswegen ihrer Besatzung oft genug zum eigenen Sarg werden. Auch oder gerade für den Selbstbauer von Yachten sollte in Richtung Sicherheit und Zuverlässigkeit einer Konstruktion kein Kompromiß geschlossen werden.

Für diesen Kreis der Wassersportler, die dem Element Wasser meist ganz besonders -verbunden sind und die für Partner oder Familie das bestmögliche Schiff für das vorhandene Geld brauchen, steht der Begriff Yacht mehr für Seefähigkeit, Zuverlässigkeit und Langlebigkeit als für Glanz, Luxus oder sportliche Höchstleistungen.

Auch im gesellschaftspolitischen Sinne sollte man dazu übergehen, den Begriff „Yacht“, der ja früher praktisch mit den Begriffen Reichtum und Überfluß gekoppelt war, zeitgemäß zu definieren.

Wer sich in der heutigen Wassersport-Szene umsieht, wird unschwer

erkennen, daß Yacht-Eigner durchweg einer Schicht von tatkräftig und hart arbeitenden Mitbürgern angehören, denen die Begriffe Leistung und Können wieder etwas wert sind. In Clubs, Vereinen und Marinas ist heute eine breite Mittelschicht tonangebend. Neben selbständigen Rechtsanwälten, Geschäftsleuten und Doktoren ist der strebsame Facharbeiter oder Angestellte durchaus kein kleines, geduldetes Mitglied der Gemeinschaft mehr. Im Gegenteil, gerade der tatkräftige Selbstbauer seiner Yacht genießt aufgrund seiner Fachkenntnisse ein steigendes Ansehen, – denn: „Wer Leistung erbringt, würdigt Leistung!"
Der Yachtbesitzer alter Zeit, der mit ererbtem Geld seine Yacht auf der Werft bauen und diese vom bezahlten Bootsmann pflegen und oft auch noch segeln ließ, ist heute genauso eine Rarität wie der mitleiderregende und auf Sozialleistung des Staates wartende Kleinbürger, der sich zu keiner eigenen Initiative aufraffen kann, heute Massenstandard ist.
Der Besitz einer Yacht ist heute nicht mehr primär eine Sache von Geld und Einkommen, sondern eine Angelegenheit von Fleiß, Ausdauer und Konsumverzicht!
Der gut geplante und vorbereitete Selbstbau bietet dazu noch die Perspektive, ein langsam zusammengetragenes Anfangskapital in wenigen Jahren zu verdoppeln und zu verdreifachen.
In diesem Sinne wird der Begriff Yacht sogar zum Symbol von Sparsamkeit und klugem Streben nach Wertvermehrung und Existenzsicherung.
Wenn Ihnen jemand einzureden versucht, Ihr Streben nach einer Yacht sei Ausdruck von Prestigedenken und Größenwahn, der kennt nur die alte Definition des Begriffes Yacht.
Klären Sie ihn auf, nachdem Sie alle folgenden Argumente in diesem Buch selbst geprüft haben!

0.2 Erklärung in eigener Sache

Aus dem Vorhergesagten werden Sie wahrscheinlich leicht erkennen, daß ich durchaus nicht dem konventionellen Yachtbau alter Prägung verhaftet bin.

Um so mehr wird es Sie vielleicht erstaunen, daß ich in dem Milieu des kommerziellen und professionellen Yachtbaus von der Pike auf gelernt und alle Wandlungen dieses meines Wunschberufes mitgemacht habe. Ich bin in meiner Lehrzeit einer der letzten gewesen, der mit dem Dexel umzugehen lernte und auf diese urweltlich-handwerkliche Art Vorsteven, Kielsohle, Hintersteven und Heckauflanger aus massivem Eichenholz schlug.
Der alte Henry Rasmussen, dessen Yachten ich zu bauen lernte, hatte offensichtlich schon in den 50er Jahren eine Ahnung, daß dieser aufwendige Einzelbau von Yachten keinen Ewigkeitsbestand haben würde und den Knickspant-Sperrholzbau kleiner Boote in Erwägung gezogen. Seine eigenen leitenden Herren der Zeit bogen jedoch solche für Abeking & Rasmussen angeblich unwürdigen Pläne ab, und ich hatte das Vergnügen, mich im Laufe der Jahre immer größer und teurer werdenden Yacht-Einzelbauten widmen zu dürfen. Seitdem der Dollar der damals fast ausschließlich bestellenden reichen Amerikaner jedoch immer wertloser wurde, war auch der Yachtbau unserer Werft zu seltener werdenden Einzelfällen geworden.

Durch meine beruflichen Kontakte mit unseren derzeitigen Hauskonstrukteuren Sparkman & Stephens, Alden, Rhodes und Tripp war ich mit dem Stand gemäßigt-fortschrittlicher amerikanischer Yachtkonstruktion hinreichend vertraut. Meine konstruktiven Entwürfe für den eigenen und der Freunde Bedarf wurden Ende der 60er Jahre noch selten gebaut (zu meinem und der möglichen Bauherrn Glück, wie sich später herausstellte).
Da ich mittlerweile herausgefunden hatte, daß Britton Chance in Oyster Bay derzeit der herausragend systematisch und fortschrittlich arbeitende Yachtkonstrukteur war, nahm ich dessen Angebot an, mit ihm an der damals aktuellen Entwicklung der ersten Aluminiumkonstruktionen einer 12 m-R-Yacht zu arbeiten. 1971 wurde dieses Vorhaben mangels verbindlicher Alu-Bauvorschriften für Alu-Rennyachten aufgeschoben. Ich hatte dadurch das Glück, maßgeblich an der Linienentwicklung einer neuen Generation von Yachtkonstruktionen mitarbeiten zu dürfen.
Monate systematischer, stufenweiser Abwandlung von Linien- und Schleppmodellen mit über 200 Schleppdurchgängen im Tank des Davidson Laboratory in Stevens Institute of Technologie brachten mir damals Impulse für fortschrittliche Yachtkonstruktion von unschätzbarem Wert.
Während ich später, wieder zu Abeking & Rasmussen zurückgekehrt, die Koordination des Baus von Yachten für den Aga Khan und andere Große dieser Welt übernommen hatte, wurden meine konstruktiven Erkenntnisse nebenberuflich für Selbstbau-Typyachten ausgewertet.
Dieses Arbeiten für fähige und interesssierte Selbstbauer, und nicht für Werften, entband und entbindet mich von jedem möglichen Interessenkonflikt mit meinem Werftboss.
Es bietet mir aber auch noch den großen Vorteil, meine ureigenen konstruktiven Langzeit-Entwicklungen durchzuführen, ohne daß zahlende Auftraggeber irgendeinen Einfluß auf meine Weiterentwicklungen nehmen können.
Durch einen jahrzehntelangen täglichen Kontakt per Telefonberatung stehe ich mit den Problemen der Yacht-Selbstbauer in engster Verbindung. Nicht nur mein Rat hilft dem Selbstbauer, sondern die von ihm aufgeworfenen Probleme halten eine laufende konstruktive Weiterent-

wicklung in Gang, Beschaffungsmöglichkeiten werden verbessert, Erfahrungen verwertet und Erprobungen vereinbart. Fast überflüssig zu erwähnen ist wohl, daß ich im Laufe der Jahre mehrere Boote und Yachten verschiedener Bauweisen und Baumaterialien für mich selbst gebaut habe.

Als ich derzeit von Delius Klasing gebeten wurde, das 720-Seiten-Standardwerk „Yachtbau" zu erarbeiten, konnte ich nicht nur auf Jahrzehnte professioneller Yachtbauerfahrung zurückgreifen, sondern hatte mich auch jahrelang mit allen Problemen eines fachgerechten Yacht-Selbstbaus auseinandergesetzt.
Getreu meinem Grundsatz, daß der hervorragendste Spezialist auf seinem technischen Detailgebiet für den Yachtbau gerade gut genug ist, lege ich großen Wert auf ständigen Kontakt mit möglichst vielen Kapazitäten ihres Faches und bin jeder neuen Erkenntnis und jeder sinnvollen Kooperation zugetan. Diese kurze Erklärung in eigener Sache halte ich für notwendig, damit Sie wissen, auf der Basis welcher Qualifikation und Berufserfahrung meine Ratschläge und Warnungen fußen.
Auf die Gefahr hin, einigen Selbstbauern und am Selbstbau kommerziell interessierten Lobbyisten dabei auf die Hühneraugen zu treten, werde ich im folgenden Inhalt dieses Büchleins durchaus auch meine persönliche Meinung kundtun.
Trotz allen Strebens nach möglichst großer Objektivität wird es nicht ausbleiben, daß einigen einiges mißfällt, weil es nicht in deren Denkschema paßt. Für solche Fälle bin ich immer bereit, meine Aussagen vor anerkannten Fachleuten weiter zu begründen und zu rechtfertigen.
Ich bitte Sie jedoch vorsorglich, nicht jede etwas drastische Formulierung auf die Goldwaage zu legen und zu berücksichtigen, daß ich wichtige Tatsachen bewußt etwas überzeichne und klare Aussagen feingeistigen Formulierungen vorziehe.
Hier will ein Techniker technisch Interessierten klar seine Erfahrungen mitteilen, aber keine literatische Gratwanderung vollziehen!

1 Voraussetzungen für den Selbstbau

1.1 Partner, Familie und die Psychologie

Um es gleich zu sagen: Yacht-Selbstbau für passionierte Einhandsegler kenne ich nicht. Und ich bin froh darüber, weil das nicht in mein Weltbild über diese oft liebenswerten, aber meist höchst unrealistischen und leichtsinnigen Spezies der Wassersportler passen würde.
Sollten Sie den alten Joshua Slocum verdächtigen, zu den Vorreitern des Yacht-Selbstbaus zu gehören, muß ich Sie enttäuschen. Der renovierte nur einen alten Fischkutter mit schier unglaublich unrealistischem Aufwand.
Wassersport mit Yachten ist ein Partnersport! Sollten Sie gerade alleine sein, braucht Sie das nicht zu entmutigen. Sie können ruhig alleine bauen und haben keine psychologischen Probleme. Mir ging es meistens auch selbst so, daß mich während der Bauzeit keine Partnerin störte, – wenn es zum Segeln kam, war meistens eine da (Gott sei Dank!).
Dieser Abschnitt ist eigentlich dem weitaus größten Teil der Yacht-Selbstbauer gewidmet, der eine Partnerin und/oder Familie hat.
Oberster Grundsatz: Versuchen Sie besser nicht, eine Yacht gegen den Willen Ihrer Partnerin zu bauen. Sie gehört zu dem Unternehmen dazu wie das Salz zur Suppe!

Das Unternehmen Yacht-Selbstbau, schon in einer mittleren Größenordnung, bedeutet mindestens ein bis zwei Jahre ausdauernder Arbeit, wenn Sie mit echtem Selbstbau bis zu 70% des Schiffswertes erarbeiten wollen. Anders, wenn Sie bei einem Pseudo-Selbstbau bis zu 85% der fertigen Yacht bezahlen müssen, – dann genügt natürlich schon ein halbes Jahr.

In beiden Fällen geht das Ihre Partnerin sehr viel an, – egal, ob Sie nun keine Zeit oder kein Geld mehr für Sie haben!
Der Bau eines kleinen Einfamilienhauses in eigener Regie ist durchaus kaum ein größeres Unternehmen als ein Yacht-Selbstbau in der 11–12 m-Größenordnung. Und so ein Objekt würden Sie ja wohl auch mit Ihrer Partnerin besprechen und beschließen!
Ganz abgesehen davon, daß es mit dem Bau alleine ja nicht getan ist; das Schiff will ja hinterher auch sinnvoll genutzt werden. Sind Sie schon Vorbesitzer eines kleineren Bootes gewesen, dürften die Fronten klarer sein, weil Ihre Partnerin weiß, worauf Sie hinarbeiten. Die Anzahl der Selbstbauer, die vom Paddelboot oder der kleinen Freizeitjolle den Sprung zur echten Yacht wagen, wächst jedoch, und es sind durchaus reale Beweggründe dafür da.
In solchen Fällen gehen Sie jedoch bitte psychologisch etwas gekonnt mit Ihrer Partnerin um: Sie werden schon Freunde oder Bekannte auftreiben, mit denen Sie auf einer Yacht geplanter Größe bei vernünftigen Wetterverhältnissen eine Probefahrt machen können. Notfalls müssen Sie chartern und einen Probeurlaub segeln oder auch motoren. Das hebt fast immer die Motivation und fördert den positiven Entschluß. Aber auch der Besuch einer Bootsausstellung – aber bitte fertiger Serienyachten – kann überzeugen. Sich auf einer Selbstbau-Ausstellung einen gähnend leeren Rumpf plus einem Haufen Kleinteile anzusehen, dürfte sich auf eine Frau mit oft schlechtem technischen Vorstellungsvermögen eher negativ auswirken.
Haben Sie dagegen eine technisch etwas verständige Partnerin, können Sie sich auch Selbstbau-Yachten in allen möglichen Bauzuständen ansehen. Fragen Sie Ihren Kontaktmann, Händler oder Konstrukteur nach Ihren nächsten Selbstbau-Nachbarn. (Ich selber kann Ihnen jedenfalls damit fast immer dienen.)
Ein kollegiales und offenes Gespräch mit Betroffenen, einschließlich Partnerin, wirkt oft Wunder und bringt fast immer einen guten Überblick. Ihre Kinder, falls in aufnahmefähigem oder sogar schon hilfsfähigem Alter, sollten Sie ebenfalls in die Meinungsbildung einbeziehen. Sie werden es Ihnen (hoffentlich) durch Mitarbeit und moralische Unterstützung danken.

Die Aufgabenteilung für den geplanten Bau einer Yacht sollte schon vorher besprochen werden, wenn schon sich später in der Praxis leicht Abweichungen von dieser Vorplanung als sinnvoll herausstellen.
Wenn verheiratet, mit Familie und in sonst gut bürgerliche Verhältnisse gebettet, wird die Aufgabenteilung meist so aussehen, daß er baut und sie ihm weitgehend alle Alltagsprobleme vom Halse hält. Gelegentliches Helfen an Wochenenden braucht deswegen nicht ausgeschlossen zu sein. Die Trennung der Verpflichtungen ist sowieso nur für die Zeiten wichtig, in denen etwas Mißmut und Verstimmung aufkommen. Wer diese schlechteren Stimmungsperioden allerdings bei der Vorplanung nicht mit einkalkuliert, denkt noch etwas versponnen und unrealistisch!
Bei Partnern, die beide berufstätig oder teilweise noch in der Ausbildung sind und noch kein eingefahrenes Familienleben führen, läuft der Bau meistens gemeinschaftlich Hand in Hand. Eine gewisse zeitliche Grundplanung ist auch hierfür grundsätzlich sinnvoll, kann aber leicht entsprechend Wetter, Stimmung oder bestimmter Verpflichtungen abgewandelt werden. Der Bau einer Yacht in partnerschaftlicher Zusammenarbeit hat bis jetzt fast immer zu einer verstärkten und verbesserten partnerschaftlichen Beziehung geführt.
Gegen den Willen des anderen Partners durchgedrückt, führt der Yacht-Selbstbau mit seinen hohen Anforderungen oft zu Spannungen und manchmal sogar zur Trennung der partnerschaftlichen Bindung!

Alles, was bisher ausgeführt wurde, gilt im Prinzip auch für gleichgeschlechtliche Partner. Es ist durchaus nicht so selten, daß zwei bis drei Freunde ein Yachtbau-Projekt beschließen und erfolgreich durchziehen. Werden es mehr, halte ich es aus meiner Erfahrung für notwendig, daß nur ein bis zwei dieser Partner eine autoritäre Stellung einnehmen und der Rest der Baugemeinschaft sich durch geleistete Arbeitsstunden Nutzungsrechte an der Yacht erwirbt.
Für diesen Fall ist eine vorherige Teilung von Aufgaben und Verpflichtungen natürlich besonders wichtig, und auch die Besitzverhältnisse sollten schriftlich geregelt werden.
Ein kleiner Privatvertrag über die Rechte an der selbst gebauten Yacht ist

selbst bei intensiv verbundenen Partnern sehr sinnvoll. Das kann – je nach Mentalität der Partner – mehr oder weniger offiziell erfolgen. Ich selber neige dazu, unnötige Umstände und Notarkosten zu sparen. Ein kleiner schriftlicher Privatvertrag mit entsprechenden Abmachungen für den Fall der Trennung sollte ausreichen.
Klare Verhältnisse und Abmachungen sind für das persönliche Verhältnis zwischen Partnern während der ganzen Bauzeit psychologisch von beruhigender Wirkung, – und das braucht der Selbstbauer!

Eine ganz entscheidende Motivation für den Bau einer Yacht in eigener Regie ist in Fehlentwicklungen unserer beruflichen Umgebung zu suchen.
Selbst oder gerade im Bereich der technischen Berufe ist in vielen Zweigen der Wirtschaft eine katastrophale Entwicklung in Richtung Bürokratie und Schematismus eingetreten. Jeder Betriebszweig, der mit Aufträgen aus der öffentlichen Hand konfrontiert ist (und wer ist das heute nicht mehr?), erstickt in Papierkram und Formalitäten. Statt schöpferisch-produktiver Arbeit mit persönlicher Befriedigung müssen heute selbst Techniker aller Art sich durch einen Wust von Normung, Vorschriften, Akten und Formularen fressen und praktisch Verwaltungsarbeit leisten. Je weiter der berufliche Aufstieg, um so kleiner wird der Anteil schöpferischer Tätigkeit.
Aber auch der Mann im Betrieb wird immer mehr der Eigenverantwortung entfremdet und schematisch von einem fast anonymen Gütesicherungs-Apparat pinselig kontrolliert. Auch ihm bleibt kaum noch ein Spielraum für die eigene Initiative. Die besondere Leistung wird nicht mehr belohnt, denn das würde ja den Rahmen tariflicher Abmachungen sprengen.
Kein Wunder also, daß sich immer mehr Unbefriedigte selbstgestellten Aufgaben zuwenden: Sie bauen weitgehend ihr eigenes Haus und jetzt auch in zunehmendem Maße ihre eigene Yacht!
Solch eine selbstgestellte Aufgabe gibt vielen beruflich Enttäuschten wieder ihr Selbstvertrauen in das eigene Können zurück und weitet den Blick für neue Möglichkeiten der Lebensgestaltung.

Es ist unübersehbar, daß der Yacht-Selbstbauer durch die oft bitter notwendige Selbstbestätigung durchweg auch im beruflichen Leben aufsteigt, weil er sich bewiesen hat, daß er der trägen Masse überlegen ist. Das gilt natürlich nur für den erfolgreichen Selbstbauer!
Den erfolgversprechendsten Weg für die jeweils persönlichen Verhältnisse des Selbstbau-Willigen aufzuzeigen, ist genau das Anliegen dieses kleinen Buches.

1.2 Die Fachkenntnisse

Ich glaube nicht, daß Sie ernsthaft an den Selbstbau einer Yacht denken, wenn Sie von Natur aus zwei linke Hände haben. Eine gewisse handwerkliche Geschicklichkeit muß schon vorhanden sein, wenn ich Ihnen von Ihrem Vorhaben nicht gleich abraten soll! Das heißt nun keineswegs, daß ich Sie für nicht in der Lage halte, eine Yacht zu bauen, weil Sie z. B. von Beruf Apotheker sind.
Im Gegenteil, ich habe unter meinen eigenen Selbstbauern eine große Anzahl von Apothekern, Drogisten, Medizinern, Theologen, Pädagogen, Psychologen, Juristen usw. – einige von ihnen sind sogar Beamte.
In unserer heutigen Zeit der beruflichen Flexibilität sind ja einmal schon viele gehobene Berufe aus dem zweiten Bildungsweg, über Umschulung oder dergleichen hervorgegangen, – und zweitens bedeutet Ihr jetziger Beruf ja noch lange nicht immer Berufung! Ich will damit sagen, daß viele Leute von Natur aus, und weil diese Fähigkeiten von Kindheit an durch alle möglichen Bastelarbeiten gefördert wurden, ganz ausgezeichnete handwerkliche Fähigkeiten haben.
Logik, Vernunft und die realistische Beurteilung von Aufstiegschancen haben oft ihren beruflichen Werdegang in ganz andere als die handwerkliche Richtung verlaufen lassen.
Der Kernpunkt der ganzen Vorrede ist, daß sich Fachkenntnisse über den Yacht-Selbstbau erwerben lassen, wenn grundsätzlich ein gewisses technisches Verständnis vorhanden ist und handwerkliche Fähigkeiten gegeben sind.

Sie werden aber auch durch die folgenden Ausführungen verstehen lernen, daß Sie durchaus nicht alles selbst können müssen, um in eigener Regie und kostensparend eine Yacht zu bauen.
Es gibt heute genügend unterschiedliche Bausysteme, um jedem Umfang an direkter Eigenleistung gerecht zu werden, – auch einem Mini-Umfang. Eins läßt sich dabei allerdings nicht wegdiskutieren: Sie brauchen nur dann wenig selbst zu arbeiten, wenn Sie damit zufrieden sind, auch nur prozentual wenig durch den Selbstbau gegenüber der Serienyacht zu sparen!
Die Zahl derjenigen Yacht-Selbstbauer nimmt allerdings ständig zu, die in einem Langzeitprogramm 70% und mehr der vergleichbaren Werftbaukosten sparen wollen und dafür eben mehr Eigenleistung zu investieren gewillt sind.

Es gibt auch eine kleine Gruppe von Yacht-Selbstbauern, die selbst handwerklich kaum einen Handschlag an ihrem Bau verrichten und trotzdem noch fast die Hälfte der Werftbaukosten einsparen. Das sind meistens Bauherren größerer Projekte, die mit großem organisatorischen Talent handwerklich versierte Freunde und Bekannte in ihre Dienste nehmen. Sie selbst sind dann nur Unternehmer in eigener Regie, beschaffen Material, Bauplatz und Werkzeug und koordinieren den Arbeitsfluß. – Aber auch bei dieser Art des Bausystems ist eines unerläßlich: Mindestens der Bauherr muß schon etwas von den Zusammenhängen des fachgerechten Yachtbaus verstehen! Sonst läuft er Gefahr, den Arbeitsumfang und Schwierigkeitsgrad des Bauprojektes falsch einzuschätzen und in eine Kosten- und Terminmisere zu geraten.
Selbst der Schiffbauer oder Bootsbauer mit professioneller Ausbildung ist gut beraten, sich für den Bau selbst um den neuesten Stand des Yachtbaus zu kümmern.

Es ist nachweisbar, daß z. B. Schiffbauer, die hauptberuflich kleine Frachter bauen, diese Schiffbaupraxis keinesfalls direkt auf den Yachtbau mit Dünnblechen übertragen können. Schiffbauer, die den Rat des professionellen Yachtbauers nicht zu brauchen glaubten, machten so

entscheidende Baufehler, daß sie viel schlechtere Ergebnisse erzielten als Laien, die sich fachlich informiert hatten. Diese nachweisbaren Tatsachen mögen alle Nichtfachleute ermutigen, sich vor dem Bau fachlich mit der Materie zu beschäftigen.
Während im Verlauf dieser Veröffentlichung zur richtigen Wahl des Bausystems, Art und Größe der Yacht sowie der Festlegung des Baumaterials und der Bauweise geraten wird, sind für den Bau selbst vorzugsweise zwei weitere Bücher als notwendig zu empfehlen:

1. Das heute aktuelle Standardwerk „Yachtbau", das auf 720 Seiten alle Aspekte fachgerechten Yachtbaus behandelt und ganz besonders die zum Selbstbau geeigneten Systeme detailliert und gut illustriert nahebringt. Dazu gehören aber auch eine komprimiert zusammengefaßte Materialkunde sowie die detaillierte Beschreibung aller wichtigen Arbeitsgänge für die heute aktuellen Yachtbau-Methoden.
Konservierung, Isolierung, Malerarbeiten, Rigg und Beschläge werden genauso dann behandelt wie die Spezialthemen „Maschinenbau" von meinen Mitautoren Lothar Lütjen und „E-Technik" von Joachim Muhs.
Das Buch „Yachtbau" ist eigentlich durch nichts anderes zu ersetzen, wenn Sie den fachgerechten echten Selbstbau einer Yacht ins Auge gefaßt haben.
2. Das Buch „Ausbau von Bootsrümpfen" von Hans Donat befaßt sich speziell mit dem Ausbau und den Installationen für fertige Rümpfe. Zugunsten von Vereinfachungen weicht dieses reich mit Zeichnungen und Details versehene Buch zum Teil vom fachgerechten Yachtbau ab. Der Inhalt ist zwischen Hans Donat und unserem Autoren-Team so abgestimmt, daß es eine Ergänzung, aber keine Alternative zum Buch „Yachtbau" ist.
Diese beiden konzentrierten Ratgeber werden Sie brauchen, wenn Sie zum guten Ergebnis einer Selbstbau-Yacht kommen wollen, – es sei denn, Sie wären selbst Fachmann (in welchem Fall Sie auch diesen Leitfaden kaum benötigen). Beides sind Basis-Bücher, die mit dem Ziel erarbeitet wurden, zeitloses und allgemeingültiges Fachwissen zu vermitteln.

Ein Minimum an Vorkenntnissen technischer Zusammenhänge wird dafür vorausgesetzt, andererseits sind sie speziell für technisch interessierte Nicht-Fachleute in leicht faßlicher Form gehalten worden.
Zusätzlich zu diesen Grundlagenbüchern gibt es natürlich Fachliteratur über viele Teilgebiete des Yachtbaus, die ständigen Wandlungen und Neuerungen unterworfen sind.
Spezielle Literatur, zum Beispiel über das Schweißen, ist für den ehrgeizigen Selbstbauer natürlich auch auf dem Markt. Nur halte ich es für besser, daß man für so ein Gebiet zunehmender Bedeutung keine halben Sachen riskiert und besser die vielfältigen Möglichkeiten technischer Institutionen nutzt und praxisbezogene Ausbildungskurse belegt.
Wer gewillt ist, seine Fachkenntnisse so gründlich zu erweitern, profitiert natürlich nicht nur für den gerade aktuellen Yacht-Selbstbau davon, sondern erweitert sein Können auch für das tägliche Leben und eventuell den Beruf.
Um beim Thema Schweißen zu bleiben, muß ich gleich klarstellen, daß die Anforderungen an das Können eines Schweißers für den Yachtbau grundsätzlich nicht höher sind als die, die zum Beispiel an einen Schweißer für den Kessel- oder Behälterbau gestellt werden.
Spezielle Eigenheiten über die verschiedenen üblichen Schweißverfahren, die richtige Schweißfolge und mehr, vermittelt wieder das Buch „Yachtbau".
Ähnliches gilt für die speziellen Belange der Einrichtung einer Yacht. Wer also grundsätzlich mit Holz umgehen und praktisch schon tischlern kann, findet die erforderlichen speziellen Tips und Ratschläge für die besonderen Belange des Yachtbaus wieder in den empfohlenen beiden Büchern.

Sie werden bei näherer Überlegung also feststellen, daß Sie keine Unmenge spezieller Ausbildung zum Fachmann brauchen, wenn Sie in Ihrem Freundes- oder Bekanntenkreis Hilfe für bestimmte Teilgebiete haben können oder selber schon handwerklich-technische Voraussetzungen mitbringen.
Warnen muß ich allerdings vor der irrigen Annahme, daß Sie sich in die

große und lohnende Aufgabe des Yacht-Selbstbaus stürzen können, ohne sich Fachkenntnisse zu erwerben, wenn Sie oder Ihre Helfer solche nicht besitzen. Sie könnten sich dann höchstens an einen Pseudo-Selbstbau mit fertigen Montagesätzen wagen, der Ihnen nur wenig Kostenersparnis bei Verlust der Garantie für das Gesamtobjekt Yacht bietet. Selbst für den Semi-Selbstbau auf der Basis fertiger Rümpfe sollten Sie etwas mehr Fachkenntnisse haben als der normale Bastler.
Bastlermethoden, im abwertenden Sinne, sollten im Yacht-Selbstbau überhaupt möglichst wenig Platz haben.
Es hat fast immer gute Gründe, warum der Fachmann bestimmte Details so und nicht anders ausführt. In Zweifelsfällen fragen Sie lieber Ihre Werft, deren Fachvertreter oder, besser noch, den Konstrukteur.
In einigen Fällen kann das Erwerben von Fachkenntnissen allerdings auch dazu führen, daß Sie den geplanten Selbstbau einer Yacht in einer bestimmten Bauweise aufgeben werden. Das passiert Ihnen mit hoher Wahrscheinlichkeit, wenn Sie vorhatten, eine Kunststoff- oder Ferrozement-Yacht von Grund auf selbst zu bauen.
Bei sorgfältiger Lektüre der Fachliteratur werden Sie feststellen, daß Sie entweder die notwendigen Baubedingungen in Form klimatischer Räume für den Kunststoffbau oder die versierte Putzkolonne für den Ferrozementbau gar nicht zur Verfügung haben. Diese Erkenntnis ist dann aber immer noch lohnend, weil Sie vor Entscheidungsfehlern bewahrt wurden. Deswegen brauchen Sie den Yacht-Selbstbau noch lange nicht aufzugeben, sondern auf den Ausbau eines professionell gefertigten Kunststoffrumpfes oder den echten Selbstbau nach zuverlässigeren Baumethoden umzusteigen.
Mindestfachkenntnisse zu haben oder zu erwerben, ist also in jedem Falle sinnvoll und ratsam.

1.3 Die finanzielle Seite

Sie ist nach wie vor der Hauptgrund für die Entscheidung zum Selbstbau

einer Yacht! Wie schon ausgeführt, gibt es als weiteren Anlaß die oft bitter notwendige Selbstbestätigung durch eigenständige Leistung. Dieser psychologische Hintergrund für den Entschluß zum Selbstbau kann gar nicht ernst genug genommen werden.
Im Gegensatz zu einer weit verbreiteten Meinung kann ich das Argument jedoch nicht ernst nehmen, der Yachtbauer arbeite an seinem Projekt hauptsächlich aus Lust und Liebe zur Arbeit, und der Nutzeffekt seiner Arbeit sei zweitrangig.
Solches Argument kann nur einer typischen Bastlermentalität entspringen, die für den ernsthaften Yacht-Selbstbau eine denkbar schlechte Grundlage bildet.
Eine Yacht, wie schon vorher als geschlossenes, seefähiges Wassersportfahrzeug definiert, fängt nämlich erst bei einer Größenordnung an, die man als echtes Investitionsobjekt sehen sollte. Zu einem hohen Prozentsatz betrifft der Bau einer Yacht nicht nur eine Einzelperson, sondern auch deren Partnerin, Partner und Familie.
Es ist zwar immer besser, auf ein Ziel hinzuarbeiten und dabei auch Spaß daran zu haben, anstatt in seiner Freizeit in die „Glotze“ zu starren oder sonst irgendwie, ziemlich unbeteiligt, an Massenbelustigungen teilzunehmen und zu konsumieren, was eine doch recht anonyme und träge Wohlstandsgesellschaft so bietet. Es ist auch zweifellos richtig, eine recht attraktive, familienfreundliche und gesunde Freizeitbeschäftigung als Zielvorstellung der Zukunft vor sich zu sehen und schon im Geiste vorher die individuell gestalteten Urlaubsreisen, die Wochenenden mit eigener Yacht zu genießen. In einer Traumwelt leben sollte der Yacht-Selbstbauer trotzdem nicht!
Er muß wirtschaftlich denken, planen und bauen, wenn er nicht früher oder später von seinem Unternehmen enttäuscht sein will!
Dazu muß er als erstes seine Wunsch-Yacht definieren, die Baukosten ermitteln und seine finanziellen Möglichkeiten realistisch überprüfen. Er wird nicht selten feststellen, daß die Yacht seiner Vorstellungen teurer wird, als er angenommen hatte. Das wird sehr oft zutreffen, wenn er sich an einem Bausystem orientiert, das mit weit vorgefertigten Montagesätzen arbeitet, dem *Pseudo-Selbstbau.* Will er aus Zeitgründen und aus

Gründen mangelnder Fachkenntnis bei diesem teuren System bleiben, muß er bei mangelndem Kapital entweder eine Stufe kleiner bauen oder Kredit aufnehmen. Letztere Möglichkeit halte ich für schlecht, wenn es sich um mehr als 20–30% der Baukosten als Kreditsumme handelt; das richtet sich aber letztendlich ganz nach den persönlichen Verhältnissen des einzelnen.
Seine Yacht allerdings kleiner zu bauen, als sie es für die vorgesehene Aufgabe sein müßte, halte ich für die schlechteste Lösung. Es ist der oft gemachte Fehler vieler Yachtbesitzer und führt zwangsläufig zur Unzufriedenheit!
Eine dritte Möglichkeit, von einigen Herstellern der relativ teuren Montagesätze empfohlen, sehe ich als unrealistisch an: Danach könnten die Einbauteile innerhalb längerer Zeitabschnitte nachgekauft werden, während der Selbstbauer wieder Zeit zum Sparen haben soll.
Dieses Argument zieht nicht so ganz, da der Zeitraum für den Zusammenbau so eines Montagesatzes realistischerweise nur ca. ein halbes Jahr dauern sollte, – und in solch kurzer Zeit spart man nicht viel.
Will der Selbstbau-Willige nun also weder das zu kleine Schiff bauen noch sich maßlos verschulden, wird er sich von dem teuren System des Montierens vorgefertigter Bausätze auf Systeme umstellen müssen, die mehr mit Selbstbau als mit Selbstmontage zu tun haben.
Der Semi-Selbstbau, oder auf deutsch der Halb-Selbstbau von Yachten, ist der nach meiner Meinung passable Kompromiß zwischen dem echten Selbstbau einer Yacht und dem Pseudo-Selbstbau, sowohl was die finanzielle Seite als auch den Arbeitsaufwand betrifft. Gemeint ist damit schlicht der Ausbau fertiger Rümpfe.
Nach vielen Nachforschungen und Vergleichen, nicht nur bei Herstellern, sondern auch bei Selbstbauern, sind durch die drei hauptsächlichen Bausysteme grob folgende Kosteneinsparungen gegenüber vergleichbaren Fertigbauten möglich:

Mögliche Kosteneinsparungen	
Pseudo-Selbstbau (Montagesätze)	ca. 10–20%
Semi-Selbstbau (Rumpfausbau)	ca. 20–60%
Echter Selbstbau	ca. 60–75%

Der große Schwankungsbereich dieser realistischen Prozentsätze ergibt sich bei den Semi-Selbstbauten aus den möglichen verschiedenen Lieferumfängen der einzelnen Lieferanten. Bis zu ca. 45% Kosten kann man sparen, wenn man bei kleineren Yachten außer dem Rumpf vom Lieferanten auch noch alles grob zugeschnittene Material für Deck, Aufbau, Einrichtung sowie Beschläge, Motor, Wellenanlage, Rigg, Segel und auch alle Kleinmaterialien mitgeliefert bekommt.

Bis zu 60% dagegen kann man auch schon beim Rumpfausbau an Baukosten einsparen, wenn man zum Beispiel den gesandstrahlten und grundierten Stahlrumpf einer 10 m-Yacht von einem preisgünstigen handwerklichen Rumpfhersteller bezieht, jedoch das Holz für Deck, Aufbau und Einrichtung bei günstigen Direktlieferanten kauft, Rigg, Segel und Beschläge über organisierte Sammelbestellungen bezieht, einen gebrauchten Autodiesel mit Original-Umbausätzen marinisiert und sich auch für Kleinmaterialien die günstigsten Lieferer nachweisen läßt.

Die Einsparungsdifferenzen beim *echten Selbstbau* resultieren einmal aus der Schiffsgröße, aber ebenfalls aus dem Aufbau des Systems. Je größer eine Selbstbau-Yacht ist, um so mehr Einsparungen an Baukosten sind im allgemeinen möglich. Das liegt schlicht daran, daß die zu vergleichende fertige Yacht mit zunehmender Größe mit immer mehr teurer handwerklicher Arbeit und immer weniger systematischer Vorfertigung gebaut wird.

Der andere Teil der angegebenen Einsparungsdifferenz liegt darin, wieweit das verwendete System vorsieht, daß sogar Segel selbst genäht, Wantenspanner selbst gefertigt und sogar Winden selbst gebaut werden. Nur unter solchen oder ähnlichen Bedingungen ist die traumhafte Einsparung von ca. 75% möglich.

Mit realistischer Einschaltung von rentabler Spezialistenarbeit erreicht

man bis ca. 65% Einsparung bei doch stark reduziertem Selbstbauaufwand und mehr technischer Sicherheit.
Die für den *Pseudo-Selbstbau* ermittelte relativ einheitliche Kosteneinsparung von ca. 15–20% setzt immer voraus, daß der gelieferte Montagesatz auch wirklich so komplett ist, daß also absolut nichts an Materialien zugekauft zu werden braucht. Bekommen Sie nur einen reduzierten Umfang an Montageteilen angeboten, ist beim Preisvergleich erhöhte Vorsicht anzuraten, da dann echte Kostenvergleiche sehr problematisch werden.

Dieser kurze Vorgriff auf die Beschreibung der hauptsächlichen Bausysteme in bezug auf die möglichen Kosteneinsparungen ist einfach notwendig, um Ihnen die enorm großen Differenzen in bezug auf den Kapitalbedarf für den Bau der Yacht Ihrer Wahl aufzuzeigen.
Sie haben also durchaus die Möglichkeit, mit kleinem Anfangskapital eine so große Yacht zu bauen, daß sie auch auf lange Sicht Ihren Ansprüchen genügt. Bedingung ist natürlich, daß Sie mehr Arbeitsstunden zu investieren gewillt sind.
Die unvermeidliche Alternative des Yacht-Selbstbaus „Entweder arbeiten oder zahlen" kann nur unter bestimmten Umständen für Yachten ab ca. 10 m Länge etwas aufgeweicht werden, wenn nämlich der Bauherr als „Unternehmer in eigener Regie" günstig arbeitende Hilfswillige beschäftigt.
Wenn Sie sich für den echten Selbstbau oder auch den Rumpfausbau auf Basis eines preiswerten „Kaskos" interessieren, sieht die finanzielle Seite doch schon recht günstig aus:
Sobald Sie sich für den echten Selbstbau einer bestimmten Typyacht entschieden haben, erwerben Sie die Baulizenz und alle Baupläne und Bauunterlagen für ca. nur 0,5–1% des Bauwertes. Nach diesen Unterlagen können Sie umgehend mit dem Bau aller stundenintensiven Bauteile beginnen, und zwar erst einmal ohne Bauplatz, nur in Keller oder Garage. Der Materialwert aller Spanten oder Spantmallen, des Ruders, der Beschläge und Kleinteile übersteigt selten 4–5% des Bauwertes. Mit dieser geringen Investition können Sie schon ca. 20% des notwendigen Stun-

denaufwandes abarbeiten. Das bedeutet Zeit, in der Sie ohne größere finanzielle Belastung und Platzsorgen schon fleißig Werte schaffen können – und gleichzeitig sparen (weil Sie vor lauter Hobby-Arbeit ja auch gar nicht zum Geldausgeben kommen).
Die nächste Stufe ist dann der Bauplatz (auch auf einer Wiese oder einem Hof möglich) und der Bau des Helgens und des Rumpfes. Bei kluger Materialauswahl sind dafür auch nur ca. 6–7% des Bauwertes fällig und weitere 25% Stundenaufwand damit verbunden. Sie haben also nach ca. 45% der Bauzeit nur ca. 10–12% des Bauwertes investiert!
Hätten Sie einen fertigen Ausbaurumpf gekauft, wären normalerweise schlagartig ca. 25% des Bauwertes zu investieren gewesen (bei gleichem Bauzustand).

Von hier ab braucht der Rumpfausbau in beiden Fällen:

ca. 4% des Bauwertes für Anstriche/Isolierung
ca. 6% des Bauwertes für Einrichtung
ca. 5% des Bauwertes für Motorenanlage
ca. 5% des Bauwertes für Rigg/Segel
ca. 3% des Bauwertes für Beschläge/Winden
ca. 2% des Bauwertes für Installationen/E-Anlage

Im Endeffekt haben Sie also für ca. 55% der Gesamtbauzeit eines echten Selbstbaus dann noch ca. 25% des Bauwertes an direkten Baukosten für den Ausbau zu investieren. Die Verteilung erfolgt recht gleichmäßig über die gesamte Ausbauzeit und ist also noch recht finanzierungsgünstig.

Zugrunde gelegt wurde für diese vergleichende Betrachtung eine hundertfach im echten Selbstbau entstandene 10 m-Kielyacht in stählerner Doppel-Knickspantweise mit engem Spantsystem und konventionellem Aufbau und üblicher Einrichtung.
Die echten Bauzeiten lagen bei den Selbstbauern (keine Fachleute, wenig Werkzeug) im Durchschnitt bei:

ca. 1000 Arbeitsstunden für den Rumpf ca. 1300 Arbeitsstunden für den Ausbau

Anhand dieses realistischen Bauaufwandes (Fachleute reduzieren die Arbeitsstunden manchmal allerdings bis auf die Hälfte) können Sie sich nun ein Bild davon machen, welche Bauzeit Sie benötigen würden.
Damit haben Sie dann aber auch schon recht detailliert Ihren Finanzierungsplan und den Kapitalbedarf.
Insgesamt ca. 35 Prozent des Bauwertes (d. h. einer vergleichbaren segelfertigen Yacht) müssen Sie, anfangs sehr langsam und in der Ausbaustufe etwas intensiver, in relativ kleinen Raten investieren.
Der Gedanke an Fremdfinanzierung wird Ihnen bei dieser Art Bauprogramm wohl kaum in den Sinn kommen. Das gegebene Beispiel der finanziellen Seite eines echten Selbstbaus oder eines Rumpfausbaus ändert sich natürlich etwas in der Kostenverteilung – je nach Bauweise und Baumaterial. Es ist jedoch durchaus ein guter Anhalt für Ihre finanziellen Vorüberlegungen.
Je mehr Sie sich im folgenden über die Zusammenhänge des Yacht-Selbstbaus informieren, um so mehr werden Sie merken, daß Sie erst einmal zu dem Entschluß kommen müssen, ob Sie mehr Kapital oder mehr Arbeit investieren wollen. Das erstere entspricht mehr dem Konsumdenken und ist nicht weit vom Kauf einer fertigen Yacht entfernt.
Die zweite Möglichkeit, in ständig wachsender Freizeit langsam aber sicher mit steuerfreier Hobby-Arbeit beträchtliche Werte zu schaffen, ist jedoch eine Zukunftsinvestition von hohem Wert und wird ständig attraktiver.
Das noch folgende Kapitel über „Bauwert und Wertbeständigkeit" wird diesen Gesichtspunkt noch ganz besonders beleuchten.

1.4 Die richtige Konstruktion

Nicht umsonst habe ich unter „Erklärung in eigener Sache" zugegeben,

daß ich heute froh darüber bin, daß die Yacht-Konstruktionen meiner ersten Berufsjahre nur selten gebaut wurden.
Auch die im nächsten Berufsjahrzehnt entstandenen Konstruktionen sind heute teilweise entweder in der Bauweise, dem Baumaterial oder dem konstruktiven Konzept nicht mehr so aktuell und sinnvoll.
Obgleich ich mich als Yachtbau-Fachmann beruflich Jahrzehnte mit baulichen und konstruktiven Konzepten einer Weltelite von Yachtkonstrukteuren befaßte, reichte das lange Zeit immer noch nicht für wirklich optimale und relativ zeitlose Yacht-Konstruktionen eigenen Konzeptes.
Diese klare Erkenntnis kam erst, nachdem ich selbst in das damalige Zentrum führender amerikanischer Yachtkonstrukteure ging, um an Ort und Stelle an direkten Grundentwicklungen der Yacht-Konstruktion mitzuarbeiten. Erst dort bei Britton Chance, der dafür bekannt ist, daß er ausgetretene Pfade der Yachtkonstruktion zugunsten systematischer Forschung verläßt, wurde ich mit entscheidenden physikalischen Erkenntnissen konfrontiert.
Diese grundsätzlich zeitlos gültigen Erkenntnisse sind in groben Umrissen im Buch „Yachtbau" festgehalten und jedem zugänglich. Wer sich damit auch nur etwas befaßt, wird schnell die umfangreiche Problematik einer physikalisch richtigen Yachtkonstruktion begreifen. Er wird genau wie ich zu der Erkenntnis kommen, wie falsch manche weit verbreiteten Konstruktionen grundsätzlich doch sind, und wie sehr sie nur aus dem Gefühl, aus Glaube oder Hoffnung entstanden sein können.
Die führenden Serienyacht-Hersteller kamen fast alle nach und nach zu dieser Erkenntnis und zogen Konsequenzen. Wer mit geschärftem Blick durch die Bootsausstellungen wandert, wird sich davon überzeugen können.

Was aber gerade dem Yacht-Selbstbauer an Konstruktionen so alles angeboten wird, ist oft eine Mischung aus Mythos, Nostalgie und Archivverwertung und spekuliert auf die Unwissenheit des Selbstbau-Willigen in dieser Richtung.
Auch bei der Auswahl der richtigen Konstruktion kommen Sie um etwas

Fachkenntnis nicht herum, wenn Sie nicht jeder Zweckbehauptung eines Verkäufers hilflos ausgeliefert sein wollen!
Es gibt sicher auch unter alten Konstruktionen solche, die ihrer Zeit voraus waren und für ganz bestimmte Zwecke und Bauweisen sich einen guten Ruf erworben haben.
Das darf jedoch nicht darüber hinwegtäuschen, daß im Laufe von vielen Jahrzehnten doch hin und wieder ganz entscheidende konstruktive Verbesserungen unumgänglich sind. Das wird alleine schon deswegen zwingend notwendig, weil sich im Laufe langer Zeiträume Baumaterialien und Bauweisen ändern und ganz andere technische Möglichkeiten schaffen: Alu-Masten und Kunststoff-Segeltuche reduzieren Topgewichte auf einen Bruchteil bei gleicher und größerer Festigkeit. Sie erlauben das gute Hantieren zum Beispiel eines Einmasters mit kleiner Mannschaft, nicht zuletzt auch wegen leistungsfähiger leichter Winden. Dieses drastische Reduzieren von Topgewichten mindert nicht nur das Stampfmoment, sondern erlaubt eine drastische Reduzierung des Ballastes, ohne die notwendige Kentersicherheit zu gefährden. Das, zusammen mit der heute möglichen leichteren Bauweise des Rumpfes, reduziert die Verdrängung manchmal fast auf die Hälfte bei gleicher Schiffsgröße. Das wiederum macht ein total neues Linienkonzept notwendig, das erheblich höhere Segelleistungen ermöglicht.
Es ist die Aufgabe moderner Yachtkonstruktion, solche Aufgaben, die sich durch neue technische Möglichkeiten stellen, physikalisch richtig zu lösen, ohne Sicherheit und Seefähigkeit zu mindern. Das ist aber nur möglich, wenn man sich von überholten konstruktiven Vorstellungen trennt!

Sie werden, wenn Sie mit wachen Augen um sich sehen, eine ganze Menge total veralteter Konstruktionen im Angebot für Selbstbauer finden. Es wimmelt da noch von Langkielern, Colin Archer-Abwandlungen, Zweimastern und gaffelgetakelten Oldies mit entsprechend schlechten Segelleistungen und damit, zum Teil, auch reduzierter Sicherheit. Denken Sie bitte daran, daß die Aufklärung über Kriterien moderner Yachtkonstruktionen langsam aber sicher fortschreitet und sich das auf den

Marktwert einer veralteten Konstruktion sehr negativ auswirken wird (falls Sie später nicht gerade einen romantischen Liebhaber für Ihr nostalgisches Museumsstück auftreiben können).
Ein weiteres sehr wichtiges Kriterium der Yachtkonstruktion ist, ob Ihnen Pläne verkauft werden, die ursprünglich für Werftbauten gezeichnet wurden.
Sie können davon ausgehen, daß das leider noch oft versucht wird. Es sind meist Rundspanter für den Bau in Stahl oder Holz, die für den Selbstbau enorm viel Kenntnisse und Fähigkeiten voraussetzen. Hin und wieder werden solche alten Werftbau-Konstruktionen auch auf Multiknickspanter umgefixt, wodurch sie zwar leichter zu bauen sind, aber konstruktiv meistens kaum besser werden.

Der gravierende Unterschied eines Doppelknickspanters (der einem vereinfachten hochmodernen Trapezspanter gleichkommt) zum Multiknickspanter liegt im angenehmeren Seeverhalten, besseren Fahrtleistungen und einfacherer Bauweise. Im Gegensatz zum Mulitknickspanter entstammt er fast immer modernen konstruktiven Erkenntnissen.
Das Prinzip der Doppelknickspanter ist ganz besonders gut für zeitlose Selbstbau-Konstruktionen geeignet, weil in ihm die hydrodynamischen Erkenntnisse einer neuen Yachtgeneration mit einer selbstbaugerechten Bauweise verbunden sind:
Das bedeutet, daß so wenig wie möglich Nahtstellen und keinerlei zweidimensionale Verformungen der Beplattung oder Beplankung vorhanden sein sollten!
Je mehr Nahtstellen vorhanden sind, um so mehr Paßarbeit wäre zu leisten und um so mehr Schweißnähte mit Schweißspannungen oder Leim- bzw. Schraubverbindungen wären auszuführen.
Das widerspräche dem Grundsatz rentablen Selbstbaus, das bestmögliche Schiff mit dem kleinstmöglichsten Aufwand zu erstellen.
Zum Aufwand gehört auch die Investition in Werkzeug und Vorrichtungen, die durch eine selbstbaugerechte Konstruktion ganz entschieden reduziert werden können.

Das eben Ausgeführte gilt natürlich für Rümpfe im echten Selbstbau. Ausbaurümpfe aus Kunststoff sind wegen der örtlichen Festigkeit natürlich als Rundspanter üblich und sinnvoll. Hierbei liegt der Kernpunkt der selbstbaugerechten Konstruktion darin, daß für den Einbau von tragenden Schotten und Verbänden vom Hersteller vor dem Tempern entsprechende Stege zum Anbolzen einlaminiert wurden, so daß der Ausbauer keine lästigen und unzuverlässigen Klebeverbindungen mehr auszuführen hat!
Sie werden bald feststellen, daß Hersteller von Selbstbau-Montagesätzen zum Teil ein gemischtes Programm von veralteten und zeitgemäßeren Konstruktionen anbieten. Das gleiche gilt für die meisten der wenigen Yachtkonstrukteure, die sich speziell mit Selbstbau-Konstruktionen befassen.
Das ist dann noch verständlich und zu verzeihen, wenn deren Programm schon Jahrzehnte existiert, Sie es also nicht mit einem Greenhorn auf diesem Gebiet zu tun haben. Ich würde es jedoch für besser halten, wenn grundsätzlich veraltete Konstruktionen nach Jahrzehnten auch aus den Programmen für Selbstbauer verschwinden würden und handele selbst nach diesem Grundsatz.
Finden Sie also alte Langkieler und romantische Oldtimer bei Anbietern, die selbst zugeben, daß diese Konstruktionen erst wenige Jahre alt sind, ist Vorsicht geboten. Entweder hat der Konstrukteur solcher Oldies keine Erfahrung mit den neuen Erkenntnissen der Yachtkonstruktion oder er schwimmt mit der nostalgischen Modewelle, weil ihm das einfacher erscheint, als moderne Konzepte zu entwickeln und dem Kunden gegenüber stichhaltig zu begründen. In beiden Fällen ist der Selbstbauer mit schon heute veralteten Konstruktionen schlecht bedient, weil er in der Zukunft damit einen starken Wertverlust riskiert.
Nicht unbedingt abzuraten ist von sogenannten Pseudo-Oldies unter den Selbstbau-Konstruktionen. Das sind äußerlich auf alt getrimmte Risse, die z. B. ein Spitzgattheck über Wasser, unter der Wasserlinie jedoch moderne Linien mit flachen Ablaufwinkeln sowie eine zeitgemäße Kiel- und Ruderkonstruktion haben. Das Rigg kann z. B. doppelte Vorsegel als Cuttertakelung haben, um stilvoll zu wirken und trotzdem technisch ein-

wandfrei ausgelegt sein. Sehen Sie jedoch beispielsweise ein Bugsprit, lose Backstagen und Jumpstage auf dem Segelriss oder zwei Masten auf Segelyachten unter 15–16 m, widerspricht das dem Stand der heutigen Erkenntnisse der Yachtkonstruktionen.
Sicher werden mir Konstrukteure solcher echten Oldies widersprechen, – ich weiß mich jedoch einig mit dem Urteil führender Konstrukteurskollegen in aller Welt und scheue keine Begründung meiner Argumente.

Ein dritter entscheidender Faktor ist für die Wahl der richtigen Konstruktion für einen Yacht-Selbstbau zu beachten: Die Baupläne müssen übersichtlich, millimetergenau bemaßt und sehr detailliert sein. Jedes fehlende Detail z. B. einer Wellenstopfbuchse oder eines Ruderlagers mit den notwendigen Toleranzen in Zehnteln von Millimetern bedeutet beim Bau große Unsicherheit, Zeitverlust und meistens entscheidende Fehler mit großen Folgen!
Für den Pseudo-Selbstbau tritt dieses Problem meistens nicht auf, weil einfach alle Anlageteile weitgehend fertig mitgeliefert werden und oft auch vorbildliche Teilelisten und Montagehinweise zum System gehören.
Detaillierte Angaben sind aber sowohl für den echten Selbstbau als auch für den Rumpfausbau unerläßlich. „Der Teufel liegt im Detail", sagt ein altes Sprichwort, und genau an der Sorgfalt der Detailausarbeitung einer Selbstbaukonstruktion unterscheidet sich die Spreu von dem Weizen.
Machen Sie also Stichproben, bevor Sie sich entscheiden: Nicht nur das konstruktive Gesamtkonzept sondern auch die baulichen Details müssen stimmen!
Mit der Auswahl der falschen oder unzweckmäßigen Selbstbau-Konstruktion hätten Sie schon den entscheidenden Fehler Ihres Yachtselbstbaus begangen!
Einen noch größeren Fehler können Sie eigentlich nur noch machen, indem Sie als Nichtfachmann selbst anfangen würden, Ihre Wunschyacht zu konstruieren.
Es gibt zwar auch Literatur über die Yachtkonstruktion; (auch im Buch „Yachtbau" ist ja einiges an neuen Erkenntnissen darüber ausgesagt), das reicht jedoch nicht einmal aus, einen Schiffbau-Ingenieur, der sich

sonst z. B. mit Frachtern beschäftigt, zu einer optimalen Yachtkonstruktion zu befähigen.
Wie für jeden Beruf, so ist auch für den Yachtkonstrukteur eine jahrzehntelange praktische Erfahrung notwendig, um Optimales auf diesem Spezialgebiet zu leisten. Wenn Sie dann noch bedenken, daß Sie für nur ca. 0,5–1% des Bauwertes spezielle Selbstbaukonstruktionen bekommen, die sich in der Praxis zum Teil schon hundertfach bewährt haben, könnte Ihnen eigentlich keiner mehr verzeihen, wenn Sie mit einer nicht fachgerechten Konstruktion unter Umständen sogar Leben riskieren!

1.5 Vorschriften, Richtlinien, Dimensionierungen

Gesetzliche Vorschriften über den Selbstbau von Yachten gibt es in Europa bisher genau so wenig wie über den Bau von Serienyachten.
Es gibt nur seit langem Vorschriften für den Bau und die Klassifikation von Yachten von sogenannten Klassifikationsgesellschaften, wie z. B. Germanischer Lloyd, Det Norske Veritas, Lloyds Register of Shipping, Registro Italiano Navale usw.
Es sind allerdings Bestrebungen der neuen europäischen Behörden im Gange, „zum Zwecke des Abbaus von Handelshemmnissen" einheitliche europäische Vorschriften und Richtlinien für den kommerziellen Yachtbau zu schaffen. Davon sind Selbstbauten grundsätzlich nicht betroffen, weil es keine Handelsobjekte im Sinne des Wortes sind.
Klassifikationsvorschriften dagegen haben keine gesetzlichen Grundlagen und sind im Prinzip dafür geschaffen, die technisch einheitliche Versicherungsbasis für Wasserfahrzeuge zu bilden. Sie haben sich für Yachten, wegen der damit verbundenen Kosten und Umstände, jedoch nicht durchgesetzt, so daß auch Versicherungsgesellschaften in der Praxis kaum mehr Bezug darauf nehmen. – Dieser derzeitige Tatbestand sollte jedoch nicht darüber hinwegtäuschen, daß praxisnahe Vorschriften auch für den Bau von Yachten gut wären und von vielen Fachleuten unter den Konstrukteuren unterstützt würden.
Sollten jedoch ehrgeizige Bürokraten und Verwaltungsbeamte, praxis-

fremd und ohne ausreichend breite fachliche Basis, solche Vorschriften vom grünen Tisch verordnen wollen, wären alle Fachleute moralisch verpflichtet und alle Wassersportler aufgerufen, solchem Treiben mit massivem Protest und entsprechenden Initiativen entgegenzutreten.

Registrierungs-Vorschriften dagegen gibt es schon in einigen europäischen Ländern. Sie dienen dem Zwecke des Eigentumnachweises und der Erfüllung der Zollbestimmungen bei grenzüberschreitendem Verkehr und Stationierung der Yacht im Ausland.
Auch in der Bundesrepublik sollen Schiffe über 50 cbm Rauminhalt einen Flaggenschein haben und müßten zu diesem Zweck vermessen werden. Da dieses meistens nur Yachten über 12–13 m Länge betrifft, ist die Masse der Yachten davon unberührt.
Zur Erfüllung von Registrierungsvorschriften ist es sinnvoll, sich ein Bootszertifikat zu beschaffen, das in der Bundesrepublik von den Wassersportverbänden erteilt wird.
Hier nun kommt der Yacht-Selbstbauer in Schwierigkeiten mit dem dafür notwendigen Eigentumsnachweis. Da er keinen Kaufvertrag für seine selbst gebaute Yacht vorweisen kann, muß er einzelne Rechnungen für z. B. den Rumpf, das Rigg und die Baumaterialien beibringen. Kommen diese Rechnungen nicht von einer Firma, die z. B. einen Montagesatz für einen bestimmten Yachttyp anlieferte, ist der Eigentumsnachweis nicht gegeben. Ein Bündel Rechnungen von einer Anzahl Lieferanten könnte sich ja auch auf etwas anderes beziehen als auf die zur Debatte stehende Yacht.
Hier werden zur Glaubhaftmachung des Eigentumsnachweises die schriftlich erteilte Baulizenz und, besser noch, die Registrierbestätigung in einem Klassenverband oder ein Meßbrief wertvoll.

Der Bau von Typyachten mit Klassenstatus zeigt schon hier bei der Erfüllung der Registrierungsformalitäten eine seiner positiven Seiten.
Wenn es im Rahmen europäischer Regelungen zum allgemeinen Nachweis geeigneter Bauweise und Bauart kommt, ist zukünftig der Vorteil von typgeprüften Yachtkonstruktionen auch für den Selbstbau nicht

mehr zu übersehen. Ich selbst bin deswegen schon dazu übergegangen, für nachweislich innerhalb der zugelassenen Bautoleranzen einheitlich und fachgerecht gebaute Selbstbau-Yachten entsprechende Typyacht-Zertifikate auszustellen. Diese wurden von europäischen Institutionen genauso anerkannt wie z. B. Klassenmeßbriefe.
Der überwachte und kontrollierte Selbstbau von Typyachten wird zukünftig wahrscheinlich schon alleine wegen der Registrierungsvorschriften unumgänglich werden. Das dürfte dem Selbstbauer mit realistischer Einstellung zur Sicherheit und zu fachgerechter Konstruktion und Technik nur lieb sein.

Richtlinien haben keine gesetzliche Grundlage. Von anerkannten Fachgremien erlassen, werden sie jedoch als sogenannte „Regelwerte der Technik" anerkannt und zur Unterstützung gutachtlicher Begründungen herangezogen. Vor allem, wenn es um die direkte Sicherheit von Yachten geht, sollten sie beachtet werden.
Die „Internationalen und nationalen Richtlinien für die Ausrüstung und Sicherheit seegehender Segelyachten", herausgegeben von der Kreuzer-Abteilung des Deutschen Segler-Verbandes e. V., sollten weitgehend zugrunde gelegt werden (was bei ausländischen Konstruktionen wohl kaum vorausgesetzt werden kann).
Auf der Basis dieser praxisnahen Richtlinien sind im Buch „Yachtbau" ergänzende Empfehlungen zum Thema Kentersicherheit und Sinksicherheit ausgesprochen.
Vor allem zum Thema Kentersicherheit ist die allgemeine Forderung der DSV-Richtlinien: „Die Rümpfe von Seekreuzern sollen selbstaufrichtend sein" in meinen Augen nicht ausreichend klar. Meine Empfehlung einer vereinfachten Kentersicherheits-Rechnung für jede Yachtkonstruktion ist von bedeutenden europäischen Konstrukteuren als wichtig erkannt und übernommen worden. Danach werden durch relativ einfache Errechnung von aufrichtenden Restmomenten klare und vor allem einheitliche Definitionen der Begriffe „kentersicher" und „Hochsee-kentersicher" möglich.
Überflüssig zu sagen, daß ich bei meinen Selbstbau-Konstruktionen mo-

ralisch an diese selbstgeschaffenen Sicherheits-Richtlinien gebunden bin und mich genauso danach richte, wie inzwischen auch andere Konstrukteure und verantwortungsbewußte Yachtbauer.
Wenn Sie heute noch jemand mit dem technisch nichtssagenden Begriff „Ballastanteil" in bezug auf den Grad der Kentersicherheit einer Yacht jonglierend finden, ist äußerstes Mißtrauen gegenüber dessen Fachwissen am Platze! Grundsätzlich hat sich der Konstrukteur Ihrer Yacht mit den anerkannten Richtlinien auseinanderzusetzen und diese bei der Konstruktion zu berücksichtigen. Sie selbst müssen z. B. jedoch wissen, daß Sie keine überflüssigen Topgewichte addieren dürfen, ohne den Grad der Kentersicherheit Ihrer Selbstbau-Yacht zu reduzieren. Außerdem werden z. B. in den Richtlinien des D.S.V. eine ganze Menge Auflagen in bezug auf Ausrüstungsteile, Rettungsmittel usw. gemacht, um die sich Ihr Konstrukteur nicht direkt kümmert.
Ohne Befolgung dieser Richtlinien dürften Sie z. B. auch keine D.S.V.-Seeregatta mitsegeln.
Lassen Sie sich also vom Konstrukteur Ihrer Selbstbau-Yacht bestätigen, wonach z. B. die „Kentersicherheit" gerechnet wurde und wo sie liegt, – kümmern Sie selbst sich jedoch darum, daß die Ausrüstung, der Zustand und die Besatzung Ihrer Yacht den einschlägigen Richtlinien entsprechen.

Dimensionierungen von Verbänden und Bauteilen einer Yacht müssen entsprechend den Beanspruchungen vorgenommen werden. Diese Beanspruchungen einer Yacht sind weitgehend unbekannt und die notwendigen Dimensionierungen entsprechen empirisch ermittelten Werten. An dieser grundsätzlichen Tatsache kommt auch keine Klassifikationsgesellschaft vorbei, die es sich zur Aufgabe gemacht hat, Bauteile von Yachten zu dimensionieren.
Im Gegensatz zum Großschiffbau liegen für den Yachtbau nur wenige Erfahrungswerte vor. Im Metallbau sind diese für kleinere Yachten zum Teil zig Jahre alt und kaum vervollständigt. Das liegt ganz einfach daran, daß kleinere Metallyachten kaum jemals nach Klassenvorschriften gebaut wurden. Die verwendeten Dimensionierungsgrundlagen stammen

ursprünglich von erfahrenen Werften und Konstrukteuren. Die Vorschriften wurden geändert, wenn sich Überbeanspruchungen und Brüche zeigten. So kommen im Prinzip die Dimensionierungs-Vorschriften von Klassifikations-Vorschriften zustande: Viel Erfahrung = recht genaue Werte; wenig Erfahrung = zwangsläufig recht grobe Werte!
Im Gegensatz zum Metall-Yachtbau hat zum Beispiel der Germanische Lloyd für die Dimensionierung von Kunststoffyachten grundlegende Entwicklungsarbeit geleistet. Auf diesem Gebiet war ja auch in den letzten Jahren eine extrem starke Bautätigkeit zu verzeichnen. Für die Dimensionierung solide und dauerhaft gebauter Kunststoffyachten gibt es eigentlich kaum einen Weg, der an den Vorschriften des Germanischen Lloyd vorbeiführt.
Nun glauben Sie aber bitte nicht, daß die große Masse der Hersteller von Kunststoffrümpfen in der Dimensionierung die GL-Vorschriften erfüllt. Es ist nur ein kleiner Prozentsatz, der so vorbildlich handelt.
Lassen Sie sich also bei Anfragen nach Kunststoffrümpfen klar und unmißverständlich schriftlich bestätigen, daß der zu liefernde Rumpf in der Dimensionierung und im Bauverfahren den neuesten Vorschriften für den Bau und die Klassifikation von Yachten des Germanischen Lloyd entspricht. Gebraucht Ihr Rumpfhersteller Umschreibungen und drückt er sich um eine klare schriftliche Bestätigung, können Sie einen dicken Minuspunkt notieren!
Gerade GFK-Rümpfe sind besonders empfindlich gegen Unterdimensionierungen, da durch unzulässige Bewegung der Verbände der Gelcoat feine Haarrisse bekommt, durch die Wasser eindringt. Dieses eingedrungene Wasser dehnt sich bei Frost aus, und das Laminat wird praktisch gesprengt. Auch Sie werden im Laufe der Zeit feststellen, welche riesige Anzahl von „Eierschalen-Schiffen“ auf dem Markt sind. Gerade beim Yacht-Selbstbau sollten Sie das nicht akzeptieren!

Die Dimensionierung der Bauteile Ihrer Yacht aus Metall oder Holz überlassen Sie besser dem Wissen des erfahrenen Konstrukteurs oder der spezialisierten Werft. Diese sitzen bei diesen Materialien dichter an der Quelle der Erfahrungen als die meisten Klassifikations-Gesellschaften.

Zu bedenken ist dabei nur noch, daß die Erfahrungen eines Konstrukteurs normalerweise auf den Seegangsbeanspruchungen seines Heimatreviers basieren. Die erforderlichen Dimensionierungen für ein ausgesprochenes Schönwetter-Revier sind logischerweise geringer als z. B. für die ruppige Nordsee!
Für die grobe Beurteilung der Dimensionierung von Stahlrümpfen können Sie die alte Schiffbauer-Regel zugrunde legen, daß die Spanten nicht weiter auseinandersitzen sollen als ca. 100 x Beplattungsdicke, bei 4 mm Beplattung also 400 mm Spantabstand.
Im Gegensatz zur Dimensionierung von festigkeitsmäßig beanspruchten Außenverbänden sollten Sie bei den Innenausbauten grundsätzlich so leicht wie möglich bauen. Das vermeidet unnütze Mehrgewichte und spart auch noch Materialkosten.
In guten Bauplänen für Selbstbauyachten sind alle Dimensionierungen genau angegeben. Nehmen Sie diese Angaben für Außenverbände grundsätzlich als absolute Werte, die Angaben für Innenausbauten jedoch als Maximal-Werte!

1.6 Bauplatz, Werkzeug, Transport

Zu diesem Thema hat sich Hans Donat in dem empfohlenen Buch „Ausbau von Bootsrümpfen" ausführlich ausgelassen, so daß ich mich hier auf eine grobe Zusammenfassung und einige Ergänzungen beschränken kann.
Der Bauplatz und der Aufwand, der mit ihm verbunden ist, hängt vor allem vom Bau-System und dem verwendeten Baumaterial ab.
Kaufen Sie einen Montagesatz einschließlich fertigem Ausbaurumpf oder nur einen Ausbaurumpf in einer Größe, in der Sie im geschlossenen Schiff arbeiten können, brauchen Sie nur eine Wiese, einen Hof oder eine freie Ecke auf einem Betriebsgelände, solange die erforderliche Zuwegung für den Transport vorhanden ist.
Das gleiche gilt für den echten Selbstbau von Yachten aus Stahl oder Alu, die zum Ausbau gleich auf dem Helgen stehenbleiben können.

Für kleine Yachten, in deren geschlossenen Rumpf man nicht ausreichend Platz zum Arbeiten hat, ist die Halle, der Schuppen oder die geräumige Garage notwendig. Für den Ausbau von Kunststoff-Rümpfen, die keine anlaminierten Stege zum Anbolzen von mittragenden Schotten und Verbänden besitzen (und das sind die meisten) und für Holzbauten in Leimbauweise müssen die Räumlichkeiten für Außentemperaturen unter 18° C beheizbar sein. Besser noch wären Räume mit Heizung und einer Luftfeuchtigkeits-Regelung, die für den echten Selbstbau von Kunststoffrümpfen unverzichtbar wird, wenn in unseren Breiten fachgerecht gebaut werden soll.
Die mit diesen extrem unterschiedlichen Anforderungen an den Bauplatz verbundenen Baunebenkosten sind ein entscheidender Faktor für die Rentabilität Ihres Yacht-Selbstbaus.
Mit aus diesem Grunde werden größere Yachten in immer stärkerem Maße aus Metall selbst gebaut. Für Holzbauten im Sommer und für den Ausbau kleinerer Rümpfe bis ca. 10 m Länge werden oft provisorische Schuppen aus verstärkten Plastikplanen gebaut. Manche Selbstbauer begnügen sich sogar nur mit der Abdeckung eines außen fertigen Rumpfes durch eine Plastikfolie.

Das Werkzeug, das für Ihren Selbstbau wünschenswert ist, müssen Sie keinsfalls immer kaufen. Überlegen Sie bitte genau, was Sie auch später für Reparaturen oder für andere Zwecke z. B. im Haus gebrauchen können. Nur das würde ich selbst kaufen. Was später nicht mehr benutzt wird, sollten Sie zu leihen versuchen.
Das ist natürlich nicht immer möglich. Beim Stahlbau kann man zum Schneiden des Materials drei sehr unterschiedliche Methoden verwenden: 1. das Schneidbrennen, 2. das Knabbern und 3. das Sägen. – Den Schneidbrenner kann man leicht ausleihen, der Schnitt wird jedoch nicht ganz so sauber.
Das Knabbern mit dem elektrisch betriebenen Handnibbler ist ideal, da der Schnitt sehr sauber und die Schnittgeschwindigkeit groß ist. Wegen der relativ hohen Anschaffungskosten hat sich als sinnvoll herausgestellt, daß ein Selbstbauer neu kauft und das Gerät nach Gebrauch mit ca.

20% Nachlaß an den nächsten weitergibt. Die Vermittlung erfolgt durch den beratenden Konstrukteur so nebenbei und kostenlos.
Die dritte saubere Schneidmöglichkeit besteht in einer starken elektrischen Stichsäge. Die Schnittgeschwindigkeit ist zwar kleiner, und es werden schon einige Sägeblätter verbraucht, die starke robuste Stichsäge ist aber, mit anderen Blättern natürlich, auch für den Holzausbau verwendbar.
Diese Beispiele zeigen, daß die Werkzeug-Investitionen relativ niedrig gehalten werden können. Wenn Sie dauernd an irgend etwas bauen (was gar nicht so selten ist) und sich eine komplett eingerichtete Werkstatt aus Gründen der Zweckmäßigkeit oder aus Spaß an der Sache sowieso leisten, erübrigt sich das Thema Werkzeug größtenteils.
Egal für welche Bauweise und welchen Werkstoff, – eins gilt immer. Das vorhandene Werkzeug muß in einwandfreiem Zustand sein. Das verbessert nicht nur die Bauqualität, sondern hebt auch die Leistung und damit die Freude am Bauen und die Rentabilität.

Der Transport ihrer Selbstbau-Yacht sollte so selten wie möglich erfolgen, wenn es sich nicht gerade um ein trailerbares Fahrzeug handelt. Anlieferungen von Rümpfen frei Haus sind in den Angeboten der Lieferer grundsätzlich nicht enthalten, und Sie müssen für die damit zusammenhängenden Umstände und Kosten selbst aufkommen.
Ideal ist in dieser Beziehung, wenn Sie Ihre Yacht an einem Platz selbst bauen und auch gleich ausbauen und stapellauf-fertig machen. Es ist dann nur ein Transport per Tieflader über die Straße und einmal Kranbenutzung fällig. Wurde das Rigg, das einige vorbildliche Systemlieferanten sogar frei Haus liefern, gleich zum Stapellaufort beordert, setzt der gleiche Kran auch sofort den Mast ein.
Die Transportkosten der verschiedenen Unternehmer sind gewaltig unterschiedlich. Es lohnt sich zu vergleichen.
Haben Sie Eisenbahnanschluß und einen Yachttyp, bei dessen Konstruktion auf die Transit-Abmessungen Rücksicht genommen wurde, wird der Bahntransport innerhalb Europas auf einem normalen Waggon sehr attraktiv. Er kostet nicht nur einen Bruchteil des Transportes von Breiten

über 3,15 m, sondern vermeidet auch alle Umstände und Wartezeiten, die sonst per Bahn leider obligatorisch sind.
Es werden mehr größere Selbstbau-Yachten im tiefen Binnenland gebaut als an der Küste. Das beweist nicht nur die starke Verbreitung des Selbstbau-Gedankens, sondern auch, daß das Transportproblem kein besonderes Hindernis ist. Das gilt zumindest für Yachten in der Größenordnung bis ca. 14,00 x 4,00 m. Darüber hinaus muß man auf Möglichkeiten achten, die fertige Yacht auf kürzestem Landweg ins Wasser zu be kommen.
Transporte werden praktisch ganz vermieden, wenn der Rumpf Ihrer Ausbau-Yacht bei einer Werft am Wasser entsteht und diese Werft sich auf Selbstausbauer eingestellt hat.
Diese Möglichkeiten nehmen erfreulicherweise zu, weil immer mehr handwerklich arbeitende Werften die Zukunft darin sehen, ihre Spezialistenarbeit mit der Eigenleistung der Selbstausbauer zu kombinieren. Sie stellen entweder Hallenplätze zu tragbaren Mietsätzen zur Verfügung oder aber Wasserliegeplätze für den Ausbauer ihrer Rümpfe.
Da es außerdem, entgegen allen Befürchtungen, immer mehr Wasserliegeplätze (z. B. im Ostseebereich) gibt, die man mietet oder auf Langzeit als Nutzungsrecht erwirbt, bringen findige Selbstausbauer ihre außen fertigen Yachten sofort zu ihrem späteren Sommerliegeplatz und machen dort den Rest der Einbauten in Schlechtwetterperioden. Auch so werden Landtransporte oft ganz vermieden.

1.7 Bauinformation und Bauberatung

Nachdem Sie sich über die notwendigen Vorausetzungen des Yacht-Selbstbaus informiert haben, wollen Sie natürlich wissen, woher Sie nähere Informationen über die Baumöglichkeiten bekommen. Das ist nur über den Markt der Anbieter möglich. Diesen Markt zu übersehen, hilft Ihnen ein seit Jahren erscheinender Katalog, der neben fast allen existie-

renden Serienyachten schon im redaktionellen Teil auch die Selbstbau-Angebote des europäischen Marktes beschreibt und symbolisch illustriert. Besondere Rubriken für Selbstbau-Konstruktionen, Baukästen, Ausbauschalen, Baumaterial und Halbfabrikate geben Ihnen die verschiedenen Adressen an. Es handelt sich um „Klasings Bootsmarkt international", der jedes Jahr neu erscheint und immer auf den letzten Stand gebracht wird.
Auch in diesem Buch finden Sie hinten im Quellenverzeichnis die Adressen der Hersteller einiger hier zur Demonstration benutzter Bausysteme und Konstrukteure von Selbstbau-Yachten.
Auf Ihre Anfrage bekommen Sie von den Herstellern oder Konstrukteuren erste Information und Übersichten kostenlos. Wenn Sie sich näher für einen bestimmten Yachttyp interessieren, erhalten Sie für wenige Mark bei manchen Konstrukteuren sogenannte Studierpläne oder maßstäblich verkleinerte Zeichnungen in Katalogform mit verbindlichen Angeboten von empfohlenen Rumpfherstellern. Die dafür erhobene Schutzgebühr wird meist bei Lizenznahme verrechnet.
Hersteller von Bausätzen zur Selbstmontage bieten Ihnen Prospekte und Preislisten ihrer Yachten an. Viel mehr können Sie nicht erwarten. Die große Zahl der Lieferer von solchen Pseudo-Selbstbauyachten sind meistens Hersteller von normalen Serienyachten. Sie bekommen die gleichen großartigen farbigen Prospekte und müssen sich dann auf Bootsausstellungen die fertigen Yachten ansehen. Über die Problematik des Selbstbaus, richtiger der Selbstmontage, erfahren Sie dort kaum etwas. Außerdem ist diese Art der Information sehr teuer für den Hersteller. Dreimal dürfen Sie raten, wer das alles im Endeffekt bezahlt!
Die wenigen Anbieter von wirklichen Selbstbau-Yachten treiben selten solchen Aufwand, der zum Prinzip echten Selbstbaus auch nicht paßt. Deswegen waren bisher auch die eingeführten Selbstbau-Ausstellungen fast ausschließlich ein Tummelplatz all derer, die am wenigsten mit echtem Selbstbau zu tun hatten, sondern unmontierte Serienware anboten.
Selbstbau-Konstrukteure finden Sie auch ganz selten auf Ausstellungen. Höchstens deren Vertreter, die Ihnen in dem Getümmel auch nicht viel mehr als einen Katalog überreichen können. Sie sind gut beraten, Ihre

ersten Informationen per Post anzufordern, diese in Ruhe zu studieren und sich dann per Telefon oder auch direkt vom spezialisierten Konstrukteur beraten zu lassen.
Wichtiger als jeder schöne Prospekt, jeder noch so dicke Katalog und jede noch so kluge Beredsamkeit eines Verkäufers ist Ihr Kontakt zur Wirklichkeit des Yacht-Selbstbaus!
Gehen Sie der Sache auf den Grund und sprechen Sie mit Selbstbauern, die mittendrin sind oder ihr Werk bereits vollendet haben. Ein Selbstbau-System, das sich bewährt hat, ist auch weit verbreitet. Das heißt, daß Sie Nachbarn haben, die ein Schwesterschiff der Yacht bauen, auf die Sie hinsteuern.
Sagen Sie dem Konstrukteur, dem Hersteller oder dem Vertreter, wo Sie wohnen. Anhand der Postleitzahlen ist es leicht, Ihnen schnell Adressen von Selbstbau-Nachbarn zu nennen. Wenn Sie schriftlich anfragen, erbitten Sie ebenfalls Ihre Selbstbau-Nachbarn des gleichen Yacht-Typs. Im allgemeinen freuen sich Selbstbauer, ihr Werk zeigen zu können und bewundern zu lassen. Realisten unter ihnen sehen aber auch den Zeitverlust durch lange Besuche. *Beachten Sie bitte:*

- Kommen Sie nie unangemeldet, denn das gibt Ärger.
- Fragen Sie höflich an, wann Ihr Besuch am besten paßt.
- Bieten Sie eine gute Flasche Wein oder härteres an, – als Ausgleich für die verlorene Zeit. (Sind erst wenige Selbstbauer eines neuen Typs im Lande vorhanden, werden diese überlaufen. Seien Sie nicht erstaunt, wenn solche strapazierten Pioniere einen direkten Kostenausgleich für die verlorene Zeit verlangen.)
- Kommen Sie nicht mit Großfamilien oder ähnlichen Heerscharen. Das geht auf die Nerven.
- Stellen Sie überlegte Fragen und bleiben Sie nicht lange.

Solche Besuche bei Selbstbau-Nachbarn bringen Ihnen natürlich nicht den Überblick über den Gesamtkomplex Ihres Vorhabens (den soll Ihnen ja schließlich dieser Leitfaden in Buchform vermitteln); es ist jedoch eine wertvolle Ergänzung Ihrer Bauinformation. Außerdem lernen Sie bei dieser Gelegenheit gleich Ihre Typyacht-Nachbarn kennen, mit denen später oft rege Kontakte zwecks Erfahrungsaustausch gepflegt werden.

Sind Sie mit dem angepeilten Yachttyp jedoch allein auf weiter Flur oder der nächste Nachbar ist einfach zu weit entfernt, wird für den echten Selbstbau einer Yacht eine Einrichtung sehr wertvoll:

Die Bauberatung: Gemeint sind damit weder Baubeschreibungen noch Fachbücher, sondern die persönliche und individuelle Beratung vor dem Bau und während des gesamten Bauvorganges sowie der späteren Erprobungen und Vergleiche.
Bei dieser Frage scheidet sich meistens endgültig die Spreu vom Weizen der Selbstbauyacht-Anbieter.
Stellen Sie diese Frage unbedingt *vor* Ihrem endgültigen Entschluß und bestehen Sie auf schriftlicher Bestätigung, wie und wann Ihnen ein Yachtbau-Fachmann für die Beantwortung auftauchender Fragen zur Beratung zur Verfügung steht. Fragen Sie auch ruhig danach, in welcher Form Ihnen spätere neue Erkenntnisse, die Ihren Yachttyp betreffen, auch noch nach Jahren zugehen.
Sie werden damit meistens auf Unverständnis der Anbieter stoßen.
Wollen Sie im Pseudo-Selbstbau nur einen Montagesatz zusammenschrauben, sind auch tatsächlich oft die mitgelieferten Stücklisten, Montageskizzen und Beschreibungen ausreichend.
Sollen Sie dabei aber auch Schotten einlaminieren oder Bauteile verleimen, können durchaus Fragen auftreten, die konkret geklärt werden müssen (es sei denn, Sie wären Fachmann oder sehr versiert auf dem Gebiet).
Ähnlich verhält es sich auch noch beim Ausbau von fertigen Rümpfen, für die komplette Ausbausätze mit detaillierten Beschreibungen existieren.
Geht es jedoch um den echten Selbstbau oder auch nur um den Ausbau leerer Rümpfe ohne vorgefertigte Bausätze, ist eine Bauberatung für zwangsläufig auftretende spezielle Fragen von Zeit zu Zeit einfach notwendig.
Verantwortungsbewußte Konstrukteure sind deshalb zu festen Zeiten telefonisch zu erreichen. Kann Ihr Konstrukteur oder dessen Vertreter das nicht bestätigen, notieren Sie bitte einen dicken Minuspunkt.
Wird Ihnen gegenüber jedoch argumentiert, die gelieferten Zeichnungen

und Beschreibungen seien so komplett, daß praktisch keine Fragen auftauchen können, ist Mißtrauen am Platze, ob Sie überhaupt an der richtigen Adresse sind.
Ich bilde mir ein, die detailliertesten speziellen Baupläne für Selbstbauyachten in jahrzehntelanger Weiterentwicklung erarbeitet zu haben. Trotzdem denke ich nicht im Traum daran, damit jede auftauchende Frage für den Selbstbauer beantwortet zu haben, sondern setze mich seit zehn Jahren noch werktäglich zwei Stunden ans Telefon, um für spezielle Rückfragen zur Verfügung zu stehen.
Wer sich ähnliche Mühe nicht macht, dürfte auch kaum in der Lage sein, überhaupt zu wissen, welche Probleme beim Selbstbau auftreten und wo noch Verbesserungen in bezug auf Arbeitsfluß, Materialbeschaffung und sinnvolle Details möglich sind. Er kann also auch gar nicht auf den Gedanken kommen, die so in langen Jahren gesammelten Erfahrungen aus der Selbstbaupraxis an alle Lizenznehmer weiterzugeben.
Er wird auch kaum in der Lage sein, Ihnen preisgünstige Direktzulieferer, Rumpfhersteller und organisierte Sammelbestellungen im Rahmen solcher Bauberatung zu benennen und auch kaum einen entsprechenden Rundschreiben-Service haben.

Rundschreiben an alle Lizenznehmer, in denen gesammelte Erfahrungen weitergegeben werdern, sind also im Yacht-Selbstbau sehr selten, zumindest bei Konstrukteuren, die nicht gleichzeitig kommerziell am Verkauf von Baumaterialien beteiligt sind. Sie sind jedoch nicht nur für den Bau selbst, sondern auch für spätere Fragen von Klassenorganisation und Vergleichsregatten von Bedeutung und durchaus ein Plus für Sie.

1.8 Baulizenz, Baupläne, Baubeschreibung

Die Baulizenz ist eine Genehmigung, das geistige Eigentum des Konstrukteurs, das in Entwurf und Ausarbeitung einer Yachtkonstruktion steckt, zu verwerten.
Bei Herstellern von Bausystemen in Form von Montagesätzen ist diese

Lizenzgebühr fast immer pauschal an den Konstrukteur bezahlt worden, wenn die Konstruktion nicht sogar einfach vom Hersteller selbst erbastelt wurde. Kaufen Sie also solch einen Montagesatz, wird Ihnen meistens auch keine getrennte Baulizenz erteilt und auch keine getrennte Gebühr dafür abverlangt. Die ist dann in dem meist hohen Gesamtpreis enthalten. Ähnliches kann auch für Ausbaurümpfe gelten, die Ihnen als Teil einer Serienproduktion verkauft werden.
Stellen Sie die Frage der Baulizenz und der entsprechenden Gebühr jedoch vor dem Kauf klar, damit Sie später keine Überraschungen erleben.
Für den echten Yacht-Selbstbau dagegen erwerben Sie die Baulizenz durchweg vom Konstrukteur Ihrer Yacht selbst und zahlen auch die Gebühr an diesen.
Die Höhe der Gebühr liegt meistens zwischen 0,5 und 1,5% des Bauwertes Ihrer Yacht, das ist der endgültige Wert des fahr- oder segelfertigen Schiffes (im Gegensatz zur Lizenzgebühr für eine spezielle Einzelkonstruktion, die bis zu 20% und mehr des Bauwertes betragen kann).
Für diese Lizenzgebühr erhalten Sie die Genehmigung, *ein* Exemplar der betreffenden Konstruktion zu bauen. Bei zwei oder mehr Nachbauten der gleichen Konstruktion, z. B. in einer Baugemeinschaft, sind Rabatte bis ca. 20% möglich.
Nachbau ohne erteilte Lizenzbestätigung durch den Konstrukteur kann eine sehr teure Angelegenheit werden. Es ist Diebstahl geistigen Eigentums, der in den letzten Jahren immer stärker juristisch verfolgt wird. In Fällen des Zweifels am Ursprung der Konstruktion muß der Dieb auch noch das ganze teure Feststellungsverfahren mit mehreren Gutachten von Fachleuten bezahlen, wenn das Gericht so entscheidet. Kleine Abänderungen zur Vertuschung des geistigen Diebstahls können im Endeffekt also noch viel teurer werden als die bloße Nachzahlung der Lizenzgebühr plus Zahlung normaler Gerichtskosten. (Gutachter sind nämlich teuer.)
Es ist also wichtig, daß Ihnen die Baulizenz vom Konstrukteur schriftlich erteilt wird.

Baupläne werden Ihnen bei Lizenznahme mit zur Verfügung gestellt. Das gilt normalerweise für einen Satz Lichtpausen. Gehen später Pläne verloren, müssen Sie dem Konstrukteur diesen Verlust schriftlich anzeigen und können Ersatz gegen Kostenerstattung erhalten. Jeder Konstrukteur tut das ungerne, weil die Gefahr mißbräuchlicher Benutzung dadurch erhöht wird. Sie dürfen Ihre Baupläne keinem dritten zur Verfügung stellen. Oft steht das auch noch extra auf einem Zeichnungstext.
Einige Konstrukteure liefern riesige Zeichnungsformate, die ich in der Handhabung für unzweckmäßig halte. Kleinere und mehr Zeichnungen, unterteilt in Haupt-Baupläne und Details, sind sinnvoller und werden weniger leicht beschädigt.
Leider gibt es noch viele großformatige Zeichnungen mit wenig Inhalt, dicken Strichen und skizzenhaften Darstellungen ohne die so wichtigen Detailmaße. Sie haben in solchen Fällen auf den ersten Blick nur scheinbar umfangreiche Unterlagen.
Sehen Sie sich die Baupläne deshalb lieber vorher bei einem Selbstbau-Nachbarn an. Optisch schöne Bilder ohne Details und exakte Maße sind nicht viel wert! Das würden Sie leider meist erst zu spät merken.
Ich halte auch 1:1-Papierschablonen von Spanten und Steven für sehr unzweckmäßig. Sie schrumpfen und quellen je nach Luftfeuchtigkeit und sind zwangsläufig ungenau.
Für Rundspanter ist diese Methode noch zu verstehen, weil der Aufriß nach Linien und Aufmaßtabelle für den Laien zu schwierig erscheint. Andererseits sollten Rundspanter nur dem sehr versierten Selbstbauer zugemutet werden, dem dann der Aufriß nach Linien und Aufmaßtabelle ebenfalls möglich sein sollte.
Für Knickspanter ist das Übertragen der Knickpunkte auf eine Spantenriß-Platte nach gegebenen genauen Aufmaßen überhaupt kein Problem und dafür exakt und millimetergenau.
Auch nach den Papierschablonen z. B. eines amerikanischen Konstrukteurs ist ein Übertragen auf eine Spantenriß-Platte obligatorisch und vorgesehen. Das ist auch gar nicht zu umgehen, da ja auf der gleichen Spantenriß-Platte entweder Mallspanten zusammengenagelt und geleimt oder Metallspanten hingepaßt und zusammengeschweißt werden. Beides

geht schlecht auf den mitgelieferten 1:1-Papierschablonen, die sehr schnell demoliert und unbrauchbar wären.
Ich muß hier auf diese Zusammenhänge hinweisen, weil sonst an die angepriesenen 1:1-Schablonen zu hohe Erwartungen in bezug auf Bauvereinfachungen geknüpft werden.

Die Alternative zu solch umständlicher Übertragungsmethode sind vereinfachte Spantformen wie z. B. Doppelknickspanter, die vorher vom Fachmann aufgerissen worden sind und von dessen Aufriß dann die millimetergenauen Aufmaße abgenommen wurden. Nach diesen Aufmaßen kann jeder sorgfältige Laie in Stunden seine genaue 1:1-Spantenriss-Platte herstellen, – fachgerecht und ohne Umwege. Das gleiche gilt für Stevenkonturen und die Kielkontur für den Helgenbau.
Ein anderes Kriterium für den Wert der Baupläne ist z. B. der „Segel- und Takelplan" oder auch die „Wellenanlage" des Motorantriebs. Es gibt hier leider mehr als genug Konstruktionen, in deren Bauplänen die gesamte Dimensionierung des Riggs fehlt. Da sind weder Mastprofile noch deren notwendige Trägheitsmomente, weder Stagdurchmesser noch Wantenspannergrößen angegeben. Selbst so wichtige Bauteile werden dem Selbstbauer oder irgendeinem seiner späteren Ratgeber überlassen. „Wellenanlagen" erschöpfen sich oft in zeichnerischer Darstellung, in der Wellenlänge- und Durchmesser die einzigen Angaben sind. Lagertypen und die Details einer Stopfbuchse, von denen Dichtigkeit, Lebensdauer und Funktion der ganzen Anlage abhängen, fehlen oft ganz; von exakten Maßen mit den maschinenbaulichen Toleranzen ganz zu schweigen.
Ich muß Sie auf diese Umstände aufmerksam machen, um Ihnen spätere Enttäuschungen zu ersparen. Ähnliches gilt für den Umfang der Bauzeichnungen.

Eine ganze Reihe von Konstrukteuren reist inzwischen auf der Selbstbau-Welle, ohne sich im Detail mit der Selbstbau-Problematik auseinandergesetzt zu haben. Linien, Einrichtungen, Bauplan, Hauptspant und Segelriß sind oft die einzigen Zeichnungen. Fast alle Details, in denen die Haupt-

arbeit steckt, fehlen. Grund dafür ist jedoch oft nicht nur der Wunsch, mit wenig Arbeit viel Geld zu verdienen, sondern sogar die Unfähigkeit mancher Konstrukteure, überhaupt Details für den Selbstbau zu erarbeiten. Sie haben meistens für Werften konstruiert, die ihnen Funktionstechnik und Detailarbeit abnahmen. Fragen Sie gezielt nach, bevor Sie später alleine vor ihren Problemen sitzen! Die gleichen Konstrukteure bieten Ihnen auch später kaum eine geeignete Bauberatung. (Wie sollten sie auch, wenn sie gar keine entsprechende Basis haben.)
Alles Gesagte gilt für den echten Selbstbau oder den Ausbau von Rümpfen ohne fertige Ausbausätze. Haben Sie Geld genug, um alle Einbauelemente fertig zu kaufen, brauchen Sie keine detaillierten Baupläne, sondern nur numerierte Montageanleitungen.

Baubeschreibungen sind das A und O für Bastelboote, Montagesätze im Pseudo-Selbstbau und den Rumpfausbau mit vorgefertigten Bausätzen. Sie sind zum Teil vorbildlich ausführlich und übersichtlich. Jeder sollte vor dem Kauf des Objektes einen Blick hineinwerfen, um sich davon zu überzeugen, ob ihm diese Art der Yachtmontage liegt.
Der echte Selbstbau kommt mit solchen Beschreibungen für Bastler nicht aus. Er kommt um gewisse Fachkenntnisse nicht herum, wenn er nicht miese Ergebnisse riskieren will. Über das „Wie“ ist in diesem Buch unter „Die Fachkenntnisse“ genug gesagt worden. Sie sind erlernbar, und es gibt gute Grundlagen dafür.
Der Amerikaner Bruce Roberts, einer der wenigen auf Selbstbau-Yachten spezialisierten Konstrukteure, gibt seinen Lizenznehmern eine 190-Seiten-Broschüre mit Tips und Baubeschreibungen mit. Diese „Custom Boatbuilding“-Broschüre ist reich illustriert, aber bisher leider nur in englischer Sprache vorhanden. Das gleiche gilt für die Texte auf seinen Zeichnungen, die ebenfalls eine Art der Baubeschreibung darstellen.
Für meine eigenen Lizenznehmer sind ganze Kapitel des 720-Seiten-Buches „Yachtbau“ vereinfachten Bauweisen einschließlich Materialkunde und Verarbeitung gewidmet. Es bildet die wohl bisher ausführlichste Baubeschreibung für Selbstbauer in deutscher Sprache und ist natürlich auf meine Typyacht-Konstruktionen für die harten nordeuropäischen

Seeverhältnisse ausgerichtet. Ein ergänzendes Buch speziell über mein nun schon weit verbreitetes HD-System für Selbstbau und Handwerk ist in Arbeit. In ihm werden weitere Jahre der Erfahrungen mit dem Yacht-Selbstbau in Form von Baubeschreibungen, praktischen Tips und Zeichnungsbeispielen aus dem HD-Typyachtprogramm veröffentlicht.

2 Die hauptsächlichen Selbstbau-Varianten

Nach den relativ umfangreichen Abhandlungen über die Voraussetzungen zum Selbstbau sollen im Folgenden die hauptsächlichen Selbstbau-Varianten in konzentrierter Form umrissen werden.
Die gewählte Gruppierung der vorherrschenden Bausysteme ist bewußt etwas vereinfacht, um die wesentlichen Unterschiede herauszustellen. In manchen Fällen liegen die vorhandenen Bausysteme natürlich auch zwischen den Gruppierungen.
Aus der Vielzahl der Möglichkeiten sind zur Demonstration und Illustration nur wenige verwendet. Das liegt auch mit daran, daß der größte Teil der angeschriebenen Hersteller auf eine spezielle Befragung gar nicht antwortete.

2.1 Einzelbau oder mit System?

Einen Einzelbau, also keinen im Selbstbau verbreiteten Yachttyp, zu bauen, ist wohl das umständlichste Unternehmen dieser Art. Grundlage ist dann also keine für den Selbstbau erarbeitete Konstruktion mit allen entsprechenden Details, kein Montagesatz und auch kein Ausbaurumpf. Grundlage dafür sind meistens veraltete Konstruktionen, die ursprünglich für den Werftbedarf entstanden. Der Umstand liegt schon alleine im Aufreißen in voller Größe. Die gegebenen Aufmaßtabellen sind für Werften meistens ungenau und müssen erst durch Aufschnüren korrigiert werden.
Jedes Detail muß auch erst erarbeitet werden, wenn Sie nicht Beziehungen zu einer Werft haben, die Ihnen alle detaillierten Ausarbeitungen zur Verfügung stellt.

Gehen Sie dagegen ohne ausreichende Sachkenntnis selbst an die detaillierte Ausarbeitung, wird Ihr Unternehmen auch noch risikoreich. Ohne erleichterte Materialbeschaffung durch Einkauf mit Rabatt über Sammelbestellungen wird der Einzelbau meistens auch noch teuer.
Trotzdem werden immer wieder einmal Einzelbauten von Yachten auch im Selbstbau entstehen. Es ist aber nur etwas für Leute mit guten Fachkenntnissen oder für unrealistische Fanatiker, die manchmal 6–8 Jahre an der Erfüllung ihres Traumes arbeiten. Wenn dann danach eventuell noch die Erkenntnis kommt, daß die alte Werftkonstruktion nun mittlerweile unübersehbar veraltet ist, steht der große Aufwand in keinem Verhältnis mehr zum Ergebnis.
Wenn man die vielen Arbeitsstunden außer Betracht läßt und alles selbst macht (manche nähen sogar Segel und fabrizieren sich Winden und Wantenspanner), ist natürlich auch beim Einzelbau eine Kostenersparnis von bis zu 75% des Bauwertes möglich. (Der Bauwert entspricht den Werftkosten einer vergleichbaren Yacht.)
Der Rechenfehler bei der Kostenersparnis liegt aber wahrscheinlich im Marktwert eines solchen totalen Selbstbaus ohne System und ohne Schwesterschiffe des gleichen Typs. Er kann auf die Hälfte des Bauwertes sinken, wenn sich später kein ausgesprochener Liebhaber dieses Einzelstückes findet.
Das Bauen von weitverbreiteten Typyachten mit einem unterstützenden System sichert später nicht nur eine bessere Wertbeständigkeit, sondern erspart vor allem Arbeitsstunden und Umstände.

2.2 Der Pseudo-Selbstbau: Montagesätze

Um es gleich vorweg klarzustellen: Der hier geprägte Begriff „Pseudo-Selbstbau" ist nicht abwertend gemeint, sondern soll nur Unterschiede verdeutlichen. Im Gegensatz zum „echten Selbstbau" ist hier die Rede von einem weitgehend vorgefertigten Serienyacht-Rumpf mit ebenso weitgehend vorgefertigten Einbauteilen, die nur noch selbst montiert zu werden brauchen.

Der Ausdruck „Selbstbau" ist hier eigentlich fehl am Platze. Es müßte „Selbstmontage" heißen!
Nur dank einer weitgehend uninformierten und fachlich wenig vorgebildeten Hobby-Presse ist diese Art der Endmontage von Serienteilen als Selbstbau deklariert worden und hat anfänglich auch echte Selbstbau-Interessenten irritiert.
In informierten Kreisen kann man heute nur noch mitleidig lächeln, wenn solche Falschbezeichnungen in der Werbung stehen und sogenannte Selbstbau-Ausstellungen fast ausschließlich von „Pseudo-Selbstbau"-Anbietern beschickt werden.
Renommierte Hersteller von Montagesätzen distanzieren sich mehr und mehr von solchen Irreführungen und verkaufen mit zunehmendem Anteil wieder komplette Serienschiffe mit voller Garantie für das Gesamtobjekt.
Trotz aller Beschönigungsversuche läßt sich bei intensiven Nachprüfungen nicht leugnen, daß die gesamte Kostenersparnis gegenüber dem Bauwert nur zwischen 15–17% beträgt. Nur in Fällen, wo noch Materialien dazugekauft und selbst bearbeitet werden müssen, kann die Ersparnis auf einen höheren Prozentsatz des Bauwertes gesteigert werden.
Läßt man den Montagesatz für die Einrichtung weg und kauft sein Material zu reellen Preisen selbst und ersetzt auch den zum Bausatz gehörenden Einbaumotor durch einen selbst umgebauten Autodiesel, steigert man die Kostenersparnis auf ca. 25% des Bauwertes und mehr. Das ist dann aber auch schon kein „Pseudo-Selbstbau" im Sinne der Selbstmontage mehr, sondern fällt unter die nachfolgende Gruppe „ Rumpfausbau".

Aber auch der Pseudo-Selbstbau mit kompletten Montagesätzen hat unter ganz bestimmten Umständen einen Sinn:
Hat z. B. ein Pädagoge mehr Ferien, als er verbrauchen kann oder ein Bastler schon sein Haus das dritte Mal umgebaut und tatenlose Monate vor sich, kann er sich so ein Montageobjekt durchaus zum Hobby machen und so nebenher ca. 15% Kosten gegenüber dem Bauwert einsparen.
Diese 15% werden allerdings selbst von den Verkäufern solcher Montage-

sätze noch etwas in Frage gestellt, da der Bastler oft noch Fehler macht und im Finish auch selten die Serienqualität erreicht, weil er es als Laie eben nicht besser kann. Das drückt natürlich später den Marktwert und macht auch die rechnerische 15% Kostenersparnis teilweise oder ganz zunichte.
Kommt nun aber ein Selbstbau-Interessent auf den Gedanken, mit fertigen Montagesätzen zu arbeiten, obgleich er keine überflüssige Zeit und auch keine Werkstatt voller Werkzeug zur Verfügung hat, wird er diesen Gedanken ganz schnell wieder fallenlassen.
Wenn er auch nur etwas rechnen kann, wird er die notwendig werdenden Werkzeuginvestitionen erst einmal von der rechnerischen Kostenersparnis absetzen.
Ist er nicht zufällig Holzfachmann und/oder Maler, wird er sich durch den Kopf gehen lassen müssen, ob er nicht durch Überstunden oder Mehrleistungen in seinem vertrauten Beruf leichter und mehr Geld verdient, als die wenigen Prozente rechnerischer Ersparnis ausmachen.
Kommt dann noch der entscheidende Faktor in die nähere Betrachtung, daß ja der Selbstmontierer seiner Yacht auf die Werftgarantie für das Gesamtobjekt Schiff verzichten muß, sollte ihn das doch alles zusammen mehr als bedenklich stimmen.
Vertreter der Anbieter von Montagesätzen auf sogenannten Selbstbau-Ausstellungen waren teilweise selbst erstaunt, daß Deutsche offensichtlich an einer Selbstmontage vorgefertigter Serienyachten mit so relativ geringer Kostenersparnis interessiert seien. Neuere Gespräche mit einem Spitzenvertreter des größten skandinavischen Herstellers bestätigten für den westdeutschen Raum, daß diese Abart des Selbstausbaus inzwischen erheblich zurückgegangen ist.

Meine Argumente sind also auch schon in anderen Köpfen entstanden und haben zu logischen Konsequenzen geführt.
Es wird schon wieder prozentual mehr die fertige Yacht gekauft, – oder aber nur der Ausbaurumpf unter Verzicht der Ausbausätze.
Fast überflüssig zu bemerken ist noch, daß es sich bei den Montagesätzen praktisch ausschließlich um Kunststoffrümpfe handelt, die gegen-

über den GL-Vorschriften zum Teil weit unterdimensioniert sind, also keine sehr hohe Lebenserwartung bei hoher Beanspruchung haben.
Bis auf zwei mir bekannte Ausnahmen müssen Selbstbauer außerdem Schotte und Verbände selbst einlaminieren, eine in unseren Breiten eigentlich unverantwortliche Bauweise, auf deren Problematik ich noch unter dem Kapitel „Das Baumaterial“ näher eingehe.
Der Pseudo-Selbstbau beschränkt sich hauptsächlich auf kleine bis mittlere Yachten von ca. 6–9 m Länge und auf die kleine Küstenfahrt. Für diesen Bereich sind von Laien montierte Kunststoff-Bausätze auch vom Sicherheitsstandpunkt oft noch vertretbar. Für echte Seeschiffe mit dem Ziel küstenferner Langfahrt werden sie vom Fachmann nicht empfohlen. Spektakuläre Werbe-Langfahrten einzelner ändern an dieser Tatsache nichts.

Als Beispiel für eine Yacht nach dem Bau-System des Pseudo-Selbstbaus zeigen die nachstehenden Abbildungen (Abb. 2.2–1bis 8) die *Kunststoff-Ausführung des Folkebootes.* Die Kostenersparnis von rund *17% des Bauwertes* ist normal für diese Art der weit vorbereiteten Selbstmontage. Die fertig lackierten Einbauteile werden, wie die Einbau-Anleitung aussagt, „festgegossen“; in der Praxis heißt das Anschleifen von Einbauteilen und angrenzender Außenhaut und Anlaminieren mit 3 Mattenstreifen. Eine 45seitige Einbau-Anleitung beschreibt fast jeden Handgriff (und davon gibt es eine ganze Menge). Ein veröffentlichter Rekordhalter schaffte den Ausbau trotzdem in angeblich *120 Stunden.* Der normale Ausbauer dürfte, bei verantwortungsbewußter Arbeit, erheblich mehr für die Montage dieses 7,64 m langen Kiel-Kajütbootes brauchen, vor allem, wenn er Laie ist. Das ganze Bausystem ist auf den Laien zugeschnitten. Fortgeschrittene Selbstbauer sind wohl kaum für diese relativ unrentable Abart des Yacht-Selbstbaus zu begeistern.

2.2-2 Zur Selbstmontage im Rahmen des Pseudo-Selbstbaus werden für das Folkeboot lackierte Einrichtungsteile inklusive aller Ausrüstungsteile, Schrauben, Beschläge usw. zum Ausbau des leeren Kunststoffrumpfes angeliefert (Foto Folkebådcentralen) ▷

2.2-1 Der Ausbaurumpf des Kunststoff-Folkeboot hat den Ballastkiel noch nicht montiert (Foto Folkebådcentralen)

2.2-3 Fertige Backskisten, Kojenfronten und -böden müssen, genauso wie der Kunststoffrumpf, angeschliffen und mit 3 Mattenstreifen anlaminiert werden. Anschließend ist der Rumpf innen mit Gelcoat und Topcoat zu streichen (Foto Folkebådcentralen)

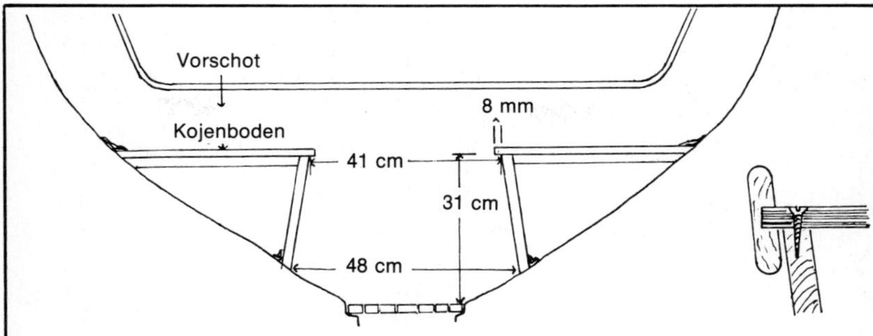

Am vorderen Ende werden die Fronten mit Schrauben von innen durch das Vorkojenschott/Vorschott festgeschraubt. Die Bb.-Front wird achtern mit Schrauben von innen durch das Pantryschott festgeschraubt. Die Stb.-Front wird achtern auf einem Stück Einrichtungsleiste festgeschraubt, das innen, auf dem Hauptschott angeschraubt wird. Die Fronten werden innen, am Freibord entlang, festgegossen. Aus der Einrichtungsleiste werden Trageleisten zugeschnitten, die an den Enden waagerecht auf den Schotten befestigt werden und dann mit der oberen Kante der Fronten fluchten.

2.2-4 Statt richtiger Zeichnungen gibt es „Selbstbau-Anleitungen" mit Skizzen. Das „Festgießen" von tragenden Einrichtungsteilen ist eine umständliche Sache und wird an anderer Stelle der „Selbstbau-Anleitung" noch genauer beschrieben.

2.2-5 Außer dem aufwendigen und unsicheren Anlaminieren von vorgefertigten Teilen wird viel geschraubt. Wer sich diese Bauweise als Fachmann ansieht, bezweifelt die Ausbauzeit von 120 Stunden eines veröffentlichten Beispiels (Foto Folkebådcentralen)

Skizze des mittleren Rudergabelbeschlages nach dem Einbau:

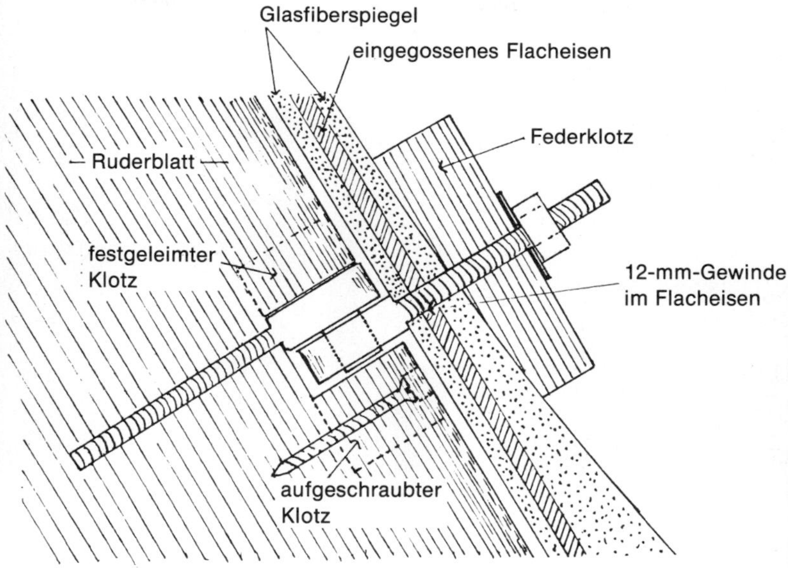

Die Vorderkante des Ruders muß, bei jeder Stellung, ca. 5 mm hinter dem Spiegel sitzen, weil es sonst bald anfangen würde, sich in den Rumpf hineinzuscheuern, wenn sich das Holz durch die Aufnahme von Feuchtigkeit ausdehnt.

2.2-6 Wer diesen Ausschnitt aus der „Selbstbau-Anleitung" des Folkebootes als Praktiker und Fachmann betrachtet, macht sich so seine eigenen Gedanken über den Schwierigkeitsgrad dieser Montage.

2.2-7 Die Montage des vorgefertigten Niedergangschottes mit der Schiebeluke des Folkebootes muß besonders sorgfältig erfolgen, um Leckagen zu vermeiden (Foto Folkebådcentralen)

2.2-8 Zweifellos ist das Kunststoff-Folkeboot ein hundertfach bewährtes Schiffchen (wenn für eine echte Yacht auch das selbstlenzende Cockpit und die Seereling fehlen). Mit dem Montieren aller Einzelteile spart man nur 17% des Bauwertes. Lohnt das die doch noch erhebliche Arbeit und die fehlende Garantie für das Gesamtobjekt? (Foto Folkebådzentralen)

Nun drängt sich allerdings die Frage auf, warum die Kostenersparnis beim Pseudo-Selbstbau mit fertigen Montagesätzen einerseits so unattraktiv niedrig, andererseits der in der Praxis für den Zusammenbau solcher Montagesätze ermittelte wirkliche Arbeitsstundenanfall zum Teil doch recht hoch ist.
Es wäre doch zu einfach, den entgegen den Werbeversprechen meist erheblich höheren Stundenanfall nur durch die Unfähigkeit des entsprechenden Selbstausbauers zu erklären.
Es liegt, im Gegenteil, der Verdacht nahe, daß Fabrikanten von Serienyachten in der starken Aufwärtsentwicklung des Yacht-Selbstbaus die Möglichkeit sehen, ihren kommerziellen Ertrag aufzubessern.
Wenn man bedenkt, was bunte Riesenprospekte, umfangreiche Zeitschriftenwerbung, Vertreterprovisionen und vor allem Bootsaustellungen kosten, muß man zu dem logischen Schluß kommen, daß hier der Selbstausbauer die Zeche bezahlen soll, die der Serien-Yachtbau nicht mehr hereinbringt. Es ist nicht zu übersehen, daß sich auf dem nordeuropäischen Yachtmarkt immer mehr die wenigen rationell und rentabel arbeitenden Hersteller von qualitativ hochwertigen Serienyachten durchsetzen. Die Masse der unrentableren Hersteller sucht in erster Linien ihr Heil in immer unzureichenderer Dimensionierung und scheint nun als zweite Möglichkeit den Verkauf von Montagesätzen entdeckt zu haben. Dem Yachtbau-Fachmann ist doch bekannt, daß der größte Teil der Serienyacht-Hersteller mit erheblichen Zulieferungs-Anteilen arbeitet, auf die noch ganz erhebliche Aufschläge für Lagerhaltung, Transport, Verwaltung usw. kommen, die üblich und auch kaufmännisch notwendig sind. Diese Kostenmisere ist nur durch die rentable Gesamtproduktion an *einem* Ort und in *einer* Hand zu umgehen oder durch die sinnvolle Kombination von rentabler Spezialistenarbeit mit durchdachter Eigenleistung des Selbstbauers.
So verzichtet zum Beispiel ein seit vielen Jahren bewährtes Selbstbausystem weitgehend auf Werbung, Provisionen und einen großen Wasserkopf für die Verwaltung. Der Rumpfhersteller, der Rigghersteller, der Segelmacher, der Beschlägelieferant usw. liefert jeweils seine Produkte direkt und ohne jede Provision an den Selbstbauer. Dieser ist Generalun-

ternehmer in eigener Regie und wird nur durch die leistungsfähigsten Spezialisten und auf dem direktesten Weg unterstützt. Der Konstrukteur koordiniert und organisiert konkurrenzlos preisgünstige Sammelbestellungen. Dieses für den echten Selbstbau bewährte System könnte logischerweise auch für ein Boot für den Pseudo-Selbstbau mit Montagesatz angewendet werden. Das käme auf einen Versuch an!

2.3 Der Semi-Selbstbau: Rumpfausbau

Der „Semi-Selbstbau", auf gut deutsch der Halb-Selbstbau, kann fast wörtlich genommen werden. Sowohl der Stundenaufwand für den Ausbau eines Rumpfes beträgt grob die Hälfte des Gesamtaufwandes für den echten Selbstbau inklusive Rumpf als auch die Kosten, die allerdings nur im Mittelwert die Hälfte der Ersparnis gegenüber dem echten Selbstbau ausmachen.

Das hängt natürlich sehr von Art und Umfang des gegebenen Rumpfes ab: Der niedrigste Rumpfpreis ist der einer *stählernen Yacht ohne Deck,* Cockpit und Aufbau. Ihn gibt es von recht guten handwerklichen Rumpfherstellern, die sich spezialisiert haben, schon *ab ca. 12%* des Bauwertes! Dabei handelt es sich oft sogar um sehr stark und auf engen Spantabstand gebaute und grundierte Stahlrümpfe in moderner, schneller Doppelknickspant-Konstruktion, die auf extrem hohe Lebenserwartung und Sicherheit ausgelegt sind.

Sie sind für den Ausbau mit Holzdeck und Holzaufbau vorgesehen, eine Kombination sehr hohen Qualitätsniveaus und speziell für hohe Ansprüche an eine gediegene Optik mit Teakstabdeck und naturlackiertem Holz (Abb. 2.3–1 u. 2). Will man jedoch viel Arbeit sparen und kein teures Holz verarbeiten, kann die gleiche Yacht als *kompletter Stahl-Ausbaurumpf* inklusive aller Details geliefert werden (Abb. 2.3–3). Wenn dann z. B. Hohlkielflosse (ohne Bleifüllung), eine Halbrohrscheuerleiste, Deck, Aufbau und Cockpit in Stahl, Treibstofftank, Motorenfundament mit Stevenrohr, Ruder mit Koker und Hacke, Maststütze und Niro-Rüsteisen, alles fertig eingeschweißt, gesandstrahlt und grundiert, dazugehören, steigt

2.3-2 Ein selbstverlegtes Teak-Stabdeck mit naturlackiertem Mahagoni-Aufbau auf der 10 m-Typyacht TARANGA. Extrem stark und auf lange Lebensdauer und hohe Sicherheit gebaute, schon gesandstrahlt und grundierte Stahlrümpfe sind wohl die preiswerteste Ausbaugrundlage überhaupt.

◁ *2.3-1 Sehr stark und auf engen Spantabstand gebaute Stahlrümpfe von spezialisierten Rumpfherstellern gibt es von rentablen Handwerksbetrieben schon ab ca. 12% des Bauwertes. Der anspruchsvolle Selbstbauer verlegt darauf selbst sein Holzdeck (Foto Dettlaff)*

2.3-3 Wer mit wenig Ausbaustunden fertig werden will, zieht den kompletten, grundierten Stahlrumpf mit allen verschweißten Einbauten vor. Von den preiswertesten handwerklichen Rumpfherstellern ist so ein kompletter Stahlrumpf der 10 m-Typyacht TARANGA schon ab ca. 23% des Bauwertes zu bekommen. In kompletter Alu-Ausführung steigt der Rumpfanteil auf etwas über 30% (Foto Jaresch & Wegener)

der Preis für den Ausbaurumpf auf *ca. 23–27% des Bauwertes, bei Alurümpfen auf etwa über 30%.* Das ist immer noch sehr günstig, wenn man bedenkt, wieviel Arbeit man durch solch einen kompletten selbsttragenden Ausbaurumpf aus Metall spart.

Die Ermittlung des Arbeit/Kostenverhältnisses ergab, daß der Rumpfausbau noch rentabler ist, als der Rumpfbau selbst. Dazu ist im Kapitel „Bauwert und Wertbeständigkeit" eine recht aufschlußreiche Analyse ausgearbeitet und präsentiert.

Zieht man dagegen *Kunststoffrümpfe* in Betracht, die normalerweise komplett mit Deck, Aufbau und Cockpit geliefert werden, ist bei solider Dimensionierung ein Rumpfpreis von unter *40% des Bauwertes* kaum darzustellen. Wird Ihnen ein GFK-Ausbaurumpf zu niedrigerem Preis angeboten, ist wahrscheinlich, daß etwas fehlt. Das kann folgendes sein:

- Dimensionierung und Bau entsprechend GL
- einlaminierte Anflanschstege für Schotte u. Wände
- Kiel (vor allem, wenn es ein Hubkiel ist)
- Ruder
- Lukendeckel
- Gelcoat-Wasserpaß
- Außenlagen in Isophtalsäure-Harz
- Einlaminierte Speigattrohre – und anderes mehr

Meistens liegt der Haken bei der Dimensionierung und dem Bau entsprechend den GL-Vorschriften. Oft fehlen auch die vor dem Tempern vom Hersteller einzulaminierenden Anflanschstege von tragenden Schotten und Wänden. Liegt ein Anbieter also unter den ca. 40% des Bauwertes (das heißt des segelfertigen Schiffes), prüfen Sie bitte nach und lassen Sie sich vor allem die GL-konforme Bauausführung schriftlich bestätigen. Eine ganze Anzahl bekannter Rumpfhersteller verwenden minderwertige, billige Spritzlaminate; andere bieten zwar Handlaminate, aber von manchmal fast halber Wandstärke gegenüber der GL-Dimensionierung an. Solche „Eierschalen"-Rümpfe können im Preis weit unter ca. 40% des Bauwertes liegen, sind jedoch nicht zu empfehlen.
Leider bedeutet es nun jedoch nicht, daß jeder teurere Kunststoff-Ausbaurumpf den Lieferumfang voll erfüllt. Sie müssen schon selbst nachprüfen.
Die relativ hohen Preise von Kunststoff-Ausbaurümpfen führen zwangsläufig zu den unter 1.3 beschriebenen geringen Kosteneinsparungen bis hinunter zu ca. 30% und weniger. Ein Ausbaurumpfpreis von ca. 40% des Bauwertes kann, bei richtiger Dimensionierung und vollem Lieferumfang, eigentlich nur von kleineren, rentablen Handwerksbetrieben mit niedrigem Kostensatz oder von spezialisierten Rumpfherstellern erreicht werden (Abb. 2.3–4).

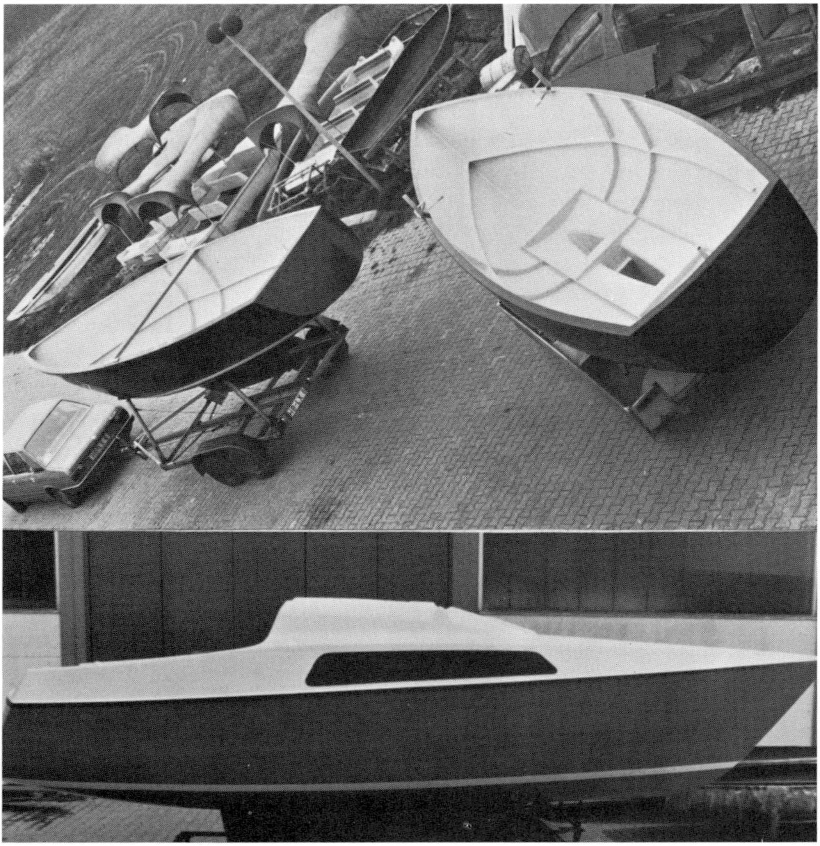

2.3-4 Ausreichend dimensionierte Ausbaurümpfe aus Kunststoff (mit schon vor dem Tempern einlaminierten Anflanschstegen, Niro-Kokerrohr und Niro-Speigattrohren) sind – komplett mit Deck, Cockpit, Aufbau und Luken – kaum unter 40% des Bauwertes herzustellen (Foto WKW A. Roth)

Wer sich dagegen mit dem hohen Kostensatz eines echten Werftbetriebes belastet und Werbung, Ausstellungen und Kundendienst bestreiten muß, wird in unseren nordeuropäischen Hochlohn-Ländern sehr leicht unrentabel.
Diese Erkenntnis muß zwangläufig zu dem Schluß führen, daß die Spezialisierung auf ein Teilgebiet des Yachtbaus, – hier also auf die Rumpfherstellung, ein guter Ausweg ist, aus dem Qualitäts/Kostendilemma zu kommen.
Gerade für den Kunststoff-Yachtbau mit dem erdölabhängig ständig steigenden Materialkosten ist das wichtig und wird auch schon vereinzelt praktiziert. Die Masse der Kunststoff-Yachtbauer geht jedoch den falschen Weg der Qualitätsminderung durch Unterdimensionierung!

Leider trifft das teilweise auch für Metallrümpfe zu: Hier ist nicht das Material das Kriterium, sondern die laufenden Meter Schweißnähte, die sehr stundenintensiv sind. Der Interessent an einem Ausbau-Rumpf hat hier jedoch den enormen Vorteil der optischen Kontrollmöglichkeit. Spantarme Billigbauweisen sind von weitem zu erkennen und fordern zum Vergleich mit Rümpfen solider Hersteller und verantwortungsbewußter Konstrukteure heraus. Wenn er ein echtes Seeschiff für hohe Sicherheit, auch für Jahrzehnte, haben will, wird er schon aus diesem Grunde keinen Kunststoff-Rumpf wählen. Noch weniger kontrollierbar in bezug auf Dimensionierung und Bauausführung wäre nur noch Ferrozement als Basis für einen Ausbau-Rumpf. Nach meinen Informationen gibt es in Europa aber kaum noch Hersteller dafür.

Der Erwerb von Ausbaurümpfen läuft normalerweise über den einschlägigen Fachhandel. In ständig steigendem Maße vermittelt der spezialisierte Konstrukteur die geeigneten Hersteller.
Auch nach dem von mir vor vielen Jahren begründeten HD-Selbstbausystem gibt es eine ganze Reihe von geprüften und empfohlenen Rumpfherstellern für Metall und Kunststoff. Der Nachweis solcher Rumpfhersteller gehört genauso zum kostenlosen Service für die Lizenznehmer

wie die telefonische Bauberatung, informierende Rundschreiben, verbilligende Sammelbestellungen und anderes mehr.
Dieses System unterscheidet sich von normalen kommerziellen Systemen dadurch, daß es keine Provisionen und Aufschläge kennt, sondern nur Direktlieferer vermittelt.
Versierte Selbstbauer mit Beziehungen finden selbst die günstigsten Einkaufsmöglichkeiten heraus, – der Anfänger ist jedoch für jede Hilfe bei der Beschaffung dankbar.
Diese Hilfe kann natürlich auch darin liegen, daß er alles benötigte Material bei demselben Händler kauft, der seinen (oft ausländischen) Konstrukteur vertritt. Solange er frei vergleichen kann und in seinen endgültigen Kaufentscheidungen nicht durch einen Pauschalvertrag gebunden ist, entspricht das freier Marktwirtschaft.
Bei den kleineren Selbstbauyachten, meistens aus Holz, ist der Kauf der Ausbaumaterialien oft Teil des Lieferumfanges. Handelt es sich um einen reellen Hersteller, bezahlt man die grob zugeschnittenen Ausbau-Holzteile nicht übermäßig hoch und spart Verschnitt und die Zeit für Preisvergleiche.
Man hat aber auch meistens die Wahl, nur Teile der Ausbaumaterialien zu kaufen oder alles in eigener Regie zu beschaffen.
Der größte skandinavische Hersteller von Kunststoffrümpfen liefert auf Wunsch auch Plastikschablonen für den Zuschnitt der Sperrholzteile mit. Das kostet natürlich auch wieder Geld. Einen Teilbetrag für die Zuschneideschablonen erhält man bei Rückgabe derselben jedoch wieder vergütet. Das ist ein zweckmäßiger Mittelweg zwischen der immer zu Debatte stehenden Alternative zwischen Kosten und Ausbaustunden und wird auch von mir für kleinere Kunststoff-Ausbaurümpfe mit Einheitseinrichtung angewendet, bei denen die Schotte und Kojenböden und -fronten mittragende Funktion haben.

Für freitragende Metallrümpfe mittlerer und größerer Yachten ist dieses Schablonensystem für die Einrichtungsschotte wenig sinnvoll. Der Vorteil solcher stark gebauten Metallrümpfe liegt ja gerade in der individuel-

len Ausgestaltungsmöglichkeit des Innenraumes bei äußerlicher Einheitlichkeit moderner und wertbeständiger Selbstbau-Typyachten.
Es war mir allerdings immer eine Freude, das Eingeständnis realistischer Selbstbauer zu hören, daß sie am Ende im Prinzip die konstruktiv ausgearbeitete Einrichtung bauten, nachdem sie vorher selbst eine „bessere" Aufteilung in mehreren Alternativen durchprobiert hatten. Das spricht für die konstruktive Vorarbeit. – Es ist aber keine Frage, daß der erfahrene Wassersportler, der sich zum Ausbau oder Selbstbau einer größeren seegehenden Yacht entschließt, dieses auch deswegen tut, weil er seine Erfahrungen in viele Details der Einrichtung und Ausrüstung mit einarbeiten will. Das erklärt auch die unübersehbare Tatsache, daß Eigner von selbstgebauten oder ausgebauten Yachten den Besitzern von gekauften Serienfahrzeugen in bezug auf Vertrautheit mit ihrem Schiff meistens haushoch überlegen sind.
Das Zuschneiden der Einrichtungsschotte für moderne Doppelknickspant-Ausbaurümpfe ist sehr einfach: Entweder wird nach dem vorhandenen 1:10-Bauspantenriß mit 10–15 mm Zugabe gearbeitet oder nach millimetergenauen Aufmaßen, deren wenige Knickpunkte in voller Größe von Mittschiffslinie und CWL abgesetzt auf die Sperrholzplatte übertragen und miteinander verbunden werden. Noch genauer und einfacher geht es nicht. Für Rundspantrümpfe sind Zuschneide-Schablonen sinnvoll.

Bei kleineren Holzrümpfen aus Sperrholz in verleimter Knickspantbauweise sind leere Ausbauschalen ohne Deck und Aufbau schon ab ca. 15% des Bauwertes zu bekommen. Bei manchen Herstellern ist jedoch die Abnahme der dazugehörigen Baupakete, die das gesamte Ausbaumaterial inklusive Schrauben, Leim und Farbe beinhalten, Standard geworden. Dadurch steigen die Materialkosten auf die üblichen ca. 50% des Bauwertes an.

Formverleimte Rumpfschalen ohne Deck und Aufbau sind kaum teurer, wenn sie von leistungsfähigen Herstellern kommen; sie sind schon *ab 17% des Bauwertes* zu beziehen. Mit solchen relativ niedrigen Rumpfpreisen arbeiten z. B. spezialisierte handwerkliche Hersteller. Andere liegen dagegen bei 20% und darüber. Wenn man bedenkt, daß bei diesen formverleimten Rundspantrümpfen, genau wie bei den simpleren Sperrholz-Knickspant-Rümpfen, weder die Bodenwrangen, noch die Auf- und Anlagen für die Einrichtungsteile, noch auch die fertige Außenfläche mit Wasserpaß in Gelcoat im Preis enthalten sind, erscheinen 20% des Bauwertes und darüber nicht mehr zeitgemäß. Sie sind eigentlich nur noch dann akzeptabel, wenn trailerbare Yachten geringstmöglichen Gewichtes bei höchstmöglicher Festigkeit auf dieser Basis entstehen sollen. Für diese speziellen Fälle sind formverleimte Rümpfe aus leichtem Mahagoni allerdings unübertroffen.

Kunststoff-Ausbaurümpfe ohne Deck und Aufbau sind selten. Sie werden jedoch in zunehmendem Maße von denen gewünscht, die einen robusten, pflegeleichten Rumpf haben wollen, Deck, Cockpit und Einrichtung jedoch liebevoll aus edlen Hölzern selbst aufbringen wollen. Diese Selbstbauer, meistens Holzfachleute, hassen den Umgang mit Kunststoff und ziehen Rümpfe mit schon fachgerecht einlaminierten Anflanschstegen vor. An diese Stege wird die Einrichtung einfach angebolzt. Das spart viele Arbeitsstunden und die Unsicherheit einer Klebeverbindung unter nicht fachgerechten Bedingungen.
Solche Kunststoffrümpfe, mit angeformten Kiel zur Aufnahme von herausnehmbaren Ballast-Formstücken, wurden speziell für solche Selbst-Ausbauer entwickelt, die mit den üblichen „Eierschalen"-Dimensionierungen der meisten Kunststoffrümpfe unzufrieden sind und auch an sich selbst hohe Anforderungen an den umfangreichen Holzausbau stellen. Auf solche Rümpfe können, außer der vorgesehenen geräumigen und eleganten Waldeckversion, auch alle anderen Deck/Aufbau-Kombinationen und auch ein hölzernes Flachdeck aus Holz aufgebaut werden. Der Rumpfpreis in Höhe von *ca. 23% des Bauwertes* ist für diese Art der überdimensionierten und sehr vollständigen Ausführung vergleichsweise niedrig. Wenn man jedoch bedenkt, daß der gleiche Rumpf, komplett mit Kunststoffdeck, Cockpit und Aufbau inklusive aller Deckel und Verstärkungen auch nur auf *ca. 37% des Bauwertes* kommt, versteht man die

Entscheidung der meisten Ausbauer zugunsten des kompletten Rumpfes und einer enorm reduzierten Stundenzahl für den Ausbau. Der außergewöhnlich niedrige Rumpfpreis ist nur durch einen spezialisierten Handwerksbetrieb mit relativ niedrigem Unkostensatz erreichbar.

2.4 Ausbaubeispiele: Holzrümpfe

Holzrümpfe entstehen heute wieder öfter im echten Selbstbau. Sie benötigen aber einen beheizbaren Schuppen, Erfahrungen in der Holzbearbeitung und eine gute Portion Geduld. Moderne Holzrümpfe werden aus Gründen der zuverlässigen Dichtigkeit voll verleimt.
Als Basis für Deck und Außenhaut wird fast ausschließlich Bootsbausperrholz oder formverleimtes Mahagonifurnier verwendet.
Um den Rumpfbau zu vereinfachen, werden meistens Knickspantbauweisen mit Nahtleisten verwendet. Das ist ein Kompromiß wegen der Kostensituation (Abb. 2.4–1). Es wird dabei in Kauf genommen, daß die Nahtleisten Schwachstellen sind: Massivholz quer zur Faser hat fast nur 10% der Festigkeit von Bootsbausperrholz, was zu einem Teil durch größere Dicke ausgeglichen wird. Außerdem kann auf den Oberkanten der Nahtleisten Wasser und Dreck hängenbleiben. Trotzdem werden die meisten Holzrümpfe heute so gebaut und an Selbstausbauer verkauft. Der echte Selbstbau solcher Sperrholzknickspanter ist in der Yachtgröße fast verschwunden, weil Bootsbausperrholz unerhört teuer geworden ist, – vor allem, wenn es in kleineren Mengen eingekauft wird (für den Innenausbau genügen halb so teure kochfest verleimte Mahagoni-Sperrhölzer der AW 100-Güte, auch als Allwetterplatten bezeichnet).
Außerdem braucht man, um die langen Längsnähte der Außenhaut zu verleimen, eine Unmenge von Schraubzwingen (Abb. 2.4–2), wenn man nicht mit Tausenden von Anpreß-Holzschrauben für die Verleimung arbeiten will.
Rundspantige Holzrümpfe aus formverleimtem Mahagoniefurnier haben durchaus Vorteile in bezug auf geringeres Gewicht bei gleicher oder höherer örtlicher Festigkeit und nahtlose glatte Außenhaut. Sie sind je-

2.4-1 Die Mehrfach-Knickspantbauweise herrscht für hölzerne Ausbaurümpfe vor, obgleich sie gegenüber den etwas teureren formverleimten Rundspantrümpfen durchaus technische Nachteile hat (Foto Bromberg)

doch etwas teurer, können nur von wenigen Spezialisten hergestellt werden und verlangen etwas mehr Geschick beim Einpassen der Einrichtungsteile. Deswegen begnügt sich die Mehrzahl der Holzrumpfausbauer mit dem tragbaren Kompromiß der Mehrfach-Knickspanter.
Diese sind, wohl aus den gleichen Gründen, die Basis von europäischen Rumpfherstellern mit kompletten Ausbau-Systemen.

Die „boheme"-Typyachten der dantec marine aus Dänemark zeichnen sich durch moderne zeitgemäße Konstruktionen aus. Sowohl der 6,30 m-Minitonner als auch die 8,10 m „la grande" sind als fortschrittliche

2.4-2 Dieses Foto von der Rumpfherstellung der eleganten dänischen 10 m-boheme zeigt deutlich, mit welchem Aufwand an Schraubzwingen bei der Verleimung gearbeitet werden muß (Foto dantec marine)

Waldecker mit den großen Raumvorteilen, der erhöhten Kentersicherheit den üblichen Aufbauschiffen überlegen. Nur die schlanke 10 m-Version ist konventionell ausgelegt und trägt die betont sportliche Note. Zur Veranschaulichung des Ausbausystems ist die besonders gelungene *6,30 m-Version* ausgewählt: Obligatorische Basis ist ein fertiger Rumpf mit allen Holzteilen, Schrauben, Beschlägen, Rigg und Segeln (Abb. 2.4–3). Auch Pinsel und Farbe gehören dazu.

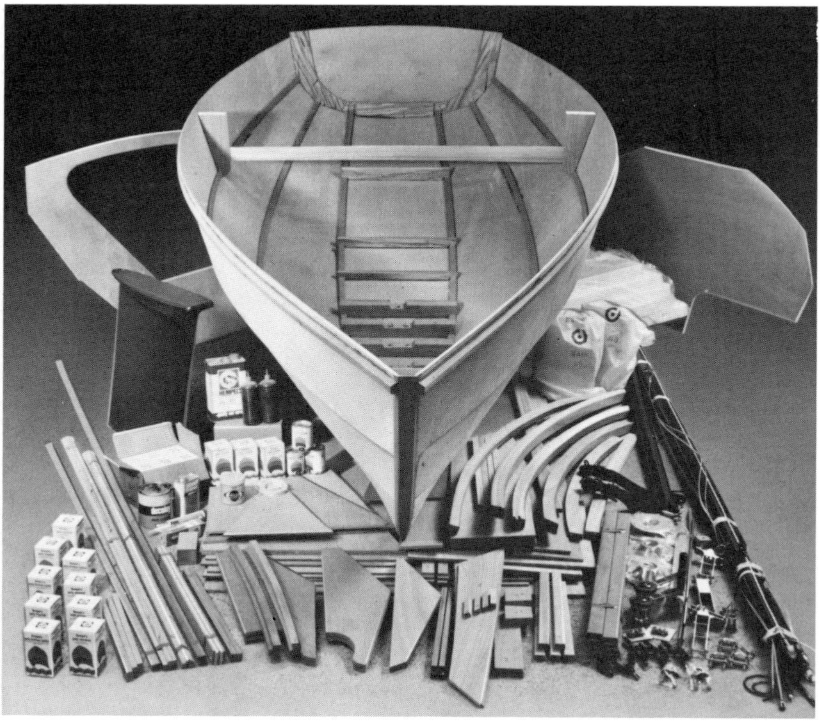

2.4-3 Selbst Pinsel und Farbe gehören zum kompletten Ausbausatz der „boheme mini" (Foto dantec marine)

Eine 20seitige Bauanleitung mit getrennten Illustrationen ergibt eine recht gute Ergänzung des mit Positionsnummern gespickten Bauplans (Abb. 2.4–4). Bei dieser kleinen Yachtgröße ist dieses einfache System noch vertretbar und übersichtlich. Bei größeren Typyachten mit weitaus mehr Einbauteilen kommt man ohne unterteilte Baugruppen nicht mehr aus, wenn man vor lauter Listen und Nummern nicht durchdrehen will. Eine sechsseitige Änderung der Bauanleitung verdeutlicht, daß hier noch entwickelt wird.

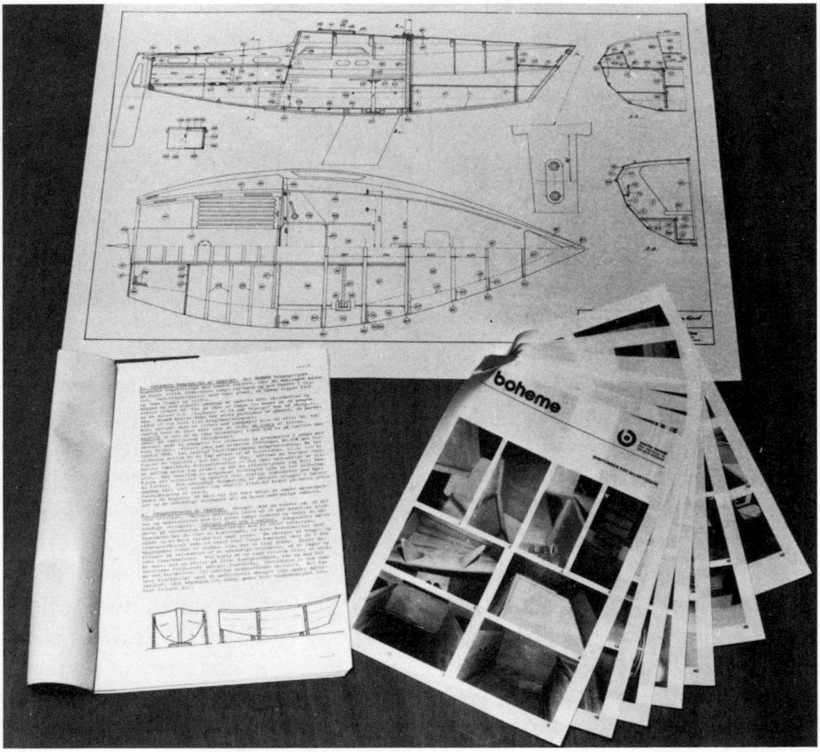

2.4-4 Die 20seitige Bauanleitung mit 6 Seiten Änderungsnachtrag plus Illustrationsblätter ergänzt den übersichtlichen Bauplan (Foto dantec marine)

Was nun als Illustration des Bauvorganges folgt, läßt ein wenig die Frage auftauchen, ob hier besonders gut die Einfachheit des Ausbaus symbolisiert werden sollte.
Der Transport per Lastwagen ohne Abdeckung ist ja noch akzeptabel, der Ausbau unter freiem Himmel zeugt allerdings von sehr hohem Vertrauen in die Gnade und Güte des Wettergottes (Abb. 2.4–5). Das ist natürlich mit etwas Glück möglich, jedoch zur Nachahmung keinesfalls empfohlen. Man kann zwar bei einsetzendem Regenwetter eine Plane über das Bauwerk werfen, – bei Wind oder längerem Mistwetter dürften die Holzteile nicht lange so pieksauber aussehen wie auf diesen Werbefotos. Von dem, was mit dem herumliegenden Werkzeug passiert, einmal ganz abgesehen, würde auch die Verleimungsqualität stark in Mitleidenschaft gezogen. Trotz der demonstrierten Praxisfremdheit zeigen die von dantec marine zur Verfügung gestellten Fotos allerdings sehr gut die Bauteile und das Bauprinzip (Abb. 2.4–6), weswegen sie auch hier verwendet wurden. Wer das Problem kennt, in engen Schuppen demonstrative Bauzustandfotos zustandezubringen, freut sich natürlich über die Freilichtspiele der Demonstranten.
Wie aus den Fotos vom Fachmann zu ersehen ist, sind die angelieferten Bauteile relativ genau zugeschnitten. Die Deckbalken sind sauber über ein Modell lamelliert verleimt. Sogar der außenliegende Balkenweger ist schon soweit angeschrägt, daß nur noch wenige Millimeter mit dem Hobel durchgeschlichtet werden müssen (Abb. 2.4–7). Trotzdem soll man die Ausbauarbeit an einem solchen Holzrumpf nicht unterschätzen. Nach Angaben des Systemherstellers brauchte in diesem Fall ein Bankmann (der offensichtlich ganz gut mit Handwerkszeug umgehen konnte) 570 Arbeitsstunden bis zur Stapellauffertigkeit (Abb. 2.5–8). In diesem Stundenaufwand sind auch schon einige spezielle Extras enthalten, was beim Hobby-Ausbau einer Yacht aber durchaus normal ist. Das erklärt auch, unter anderem, warum das Konstruktionsgewicht, das der Konstrukteur zugrunde legte, vom Selbstbauer fast immer überschritten wird.
Mit 800 kg Wunschgewicht für die 6,30 m „boheme mini" und 23 m^2 Segelfläche am Wind mit der Genua kommt so ein Leichtbau relativ schnell bei raumem Wind ins Rutschen (Abb. 2.4–9). Am Wind sieht es

2.4-5 Transport ohne Abdeckung und der Ausbau unter freiem Himmel ist möglich, aber wenig sinnvoll (Foto dantec marine)

2.4-6 Die im Freien aufgenommenen Fotos zeigen (was bei Aufnahmen im Schuppen nicht leicht zu bewerkstelligen wäre) sehr gut die Bauteile und das Bauprinzip (Fotos dantec marine)

2.4-7 Die vorgefertigten Bauteile scheinen relativ genau zu passen. Es müssen nur Überstände abgesägt und Schrägen nachgehobelt werden

2.4-9 Der Vorteil dieser leichtgewichtigen Schiffsgröße liegt bei halben und raumen Kursen gerade bei mittlerem bis frischem Wind und in der guten Trailerbarkeit (Foto dantec marine)

◁ *2.4-8 Ein geschickter Hobby-Bauer brauchte ca. 570 Arbeitsstunden bis zum stapellauffertigen Zustand seiner 6,30 m-boheme mini (Fotos dantec marine)*

dann logischerweise etwas trüber aus. – Der Vorteil dieser leichtgewichtigen Schiffsgröße liegt natürlich hauptsächlich in der leichten Trailerbarkeit.
Die rechnerische *Kostenersparnis* beim Bau der „boheme mini" gegenüber dem fertigen Schiff liegt nach meinen Ermittlungen bei *ca. 42%*. Wenn dantec marine mit ca. 49% argumentiert, liegt das ganz einfach daran, daß ich das segelfertige Schiff als vergleichbaren Bauwert einsetze. Dazu gehören für mich auch Dinge wie rutschfestes Deck, Vorluk, Seereling, Kocher und nautische Beleuchtung, die bei dantec marine in der Extraliste stehen.

Das Waarship-Programm aus Holland mit seinen weitverbreiteten Ausbauyachten ist das ältere und konstruktiv konventionellere Gegenstück zum boheme-Programm. Die Typyachten von 5,70 m bis 9 m Länge haben einen konventionellen Aufbau mit weniger vergleichbarem Innenraum und weniger Reserveauftrieb bei 90°-Lage. Ansonsten sind die Bausysteme von Waarship und dantec marine verblüffend ähnlich.
Der Umfang des kompletten Baupaketes gleicht Vorhergezeigtem so sehr, daß auf eine Fotoillustration verzichtet werden kann. Statt dessen soll anhand des kleinsten Waarships demonstriert werden, wie mit relativ geringen Mitteln ein provisorischer Bauschuppen erstellt werden kann (Abb. 2.4–10). Ein Lattengerüst mit Bespannung aus transparenter Plastikfolie gibt im Sommer ausreichenden Wetterschutz ohne Ausschluß des Tageslichtes.
Daß für einen Winterbau ein beheizbarer Schuppen notwendig ist, um fachgerecht verleimen zu können, ist unumgänglich für Holzrümpfe mit Deck und Aufbau aus gleichem Material.

2.4-10 Ein provisorischer Bauschuppen aus Latten und Plastikfolie gibt Wetterschutz, ohne das Tageslicht auszuschließen (Fotos Arp) ▷

Einbahnstraße

2.5 Ausbaubeispiele: Kunststoffrümpfe

Unter dem Kapitel „2.3 Rumpfausbau" ist schon einiges über die Kosten richtig dimensionierter und ausbaugerechter Kunststoffrümpfe ausgesagt. Sie sind die teuersten Ausbaurümpfe überhaupt – oder aber es handelt sich um minderwertige „Eierschalen"-Produkte, die *nur* durch einzuklebende Einrichtungen so ausgesteift werden müssen, daß sie bei Segelbelastungen nicht verdrehen.
Im Gegensatz zu Metallrümpfen mit fachgerechtem Spantsystem sind Kunststoffrümpfe freitragend meistens nicht ausreichend torsionssteif. Das liegt physikalisch im hohen Elastizitätsmodul von glasfaserverstärktem Kunststoff begründet und wäre nur durch teure Einlagen aus hochfesten Fasersträngen aus Kohlenstoff, Kevlar o. ä. einigermaßen zu kompensieren.
Jeder Fachmann weiß das. Trotzdem gibt es noch eine große Anzahl von Kunststoff-Ausbaurümpfen auf dem Markt, bei denen die Aussteifung *nur durch nachträgliches* Einlaminieren von mittragenden Einrichtungsteilen zu erfolgen hat.
Abgesehen von der Problematik des fachgerechten Anlaminierens solcher tragender Teile unter meist untragbaren Bedingungen (siehe auch das Kapitel 3.2 „Baumaterial/Kunststoff") gibt es sogar Selbst-Ausbauer, denen es egal ist, wohin sie ihre Einrichtungsschotte setzen. Sie werden in diesem Irrglauben von so manchem Pseudo-Fachmann bestärkt.
Mindestens bestimmte Hauptschotte haben eine nach den Erfahrungen des Konstrukteurs (seltener nach Rechnungen) ganz bestimmte Position und Stärke, um die auftretenden Torsionskräfte aufzufangen. Mindestens in der Position dieser Hauptschotte sollte jeder Rumpflieferant schon gleich starke Anflanschstege, *vor* dem Tempern der Rumpf/Deck-Schale, fachgerecht und unter einwandfreien Bedingungen einlaminiert haben, an die der Ausbauer problemlos anbolzen kann! Gingen Sie schon auf „sogenannte" Selbstbau-Ausstellungen, so konnten Sie sich davon überzeugen, daß das praktisch fast nie der Fall war. Die wenigen Hersteller qualitativ einwandfreier Ausbaurümpfe waren in diesen Ausstellungen unmontierter Serienprodukte bisher kaum oder gar nicht vertreten.

Es ist hier also für den am Rumpfausbau interessierten Selbstbauer noch viel Spreu vom Weizen zu trennen. Gerade bei den Kunststoff-Ausbaurümpfen wird noch viel Schindluder mit der Ahnungslosigkeit mancher Selbstbauwilligen getrieben.
Lesen Sie also im eigenen Interesse etwas über die preislichen Vergleiche und die notwendigen technischen Voraussetzungen schon unter „2.3 Rumpfausbau“, um zu wissen, was vor dem Kauf eines Ausbaurumpfes zu beachten und zu prüfen ist. Es kann Sie vor späterem Schaden bewahren!
Hier sollen nun einige markante Beispiele des Ausbaus von Kunststoffrümpfen kurz beschrieben und illustriert werden. Die Schlüsse daraus müssen Sie dann selbst ziehen.

Der nackte Rumpf ist das schon erwähnte negative Beispiel für den Ausbau einer Kunststoffschale. Hier habe ich den extremen Fall eines 9,5m-Rumpfes ohne Deck herausgegriffen, den sich Kollege Cord mit Partner für ca. 19% des geschätzten Bauwerkes aus Dänemark kommen ließ. Es handelte sich um eine Sandwich-Konstruktion mit Balsacore, komplett mit Bleikiel und Ruder. Der Rumpfpreis war relativ niedrig, weil keinerlei Anflanschstege und auch keinerlei andere aussteifende Bodensektionen aus Kunststoff einlaminiert worden waren (Abb. 2.5–1). Außer den Bodenwrangen, die zwangsläufig den angebolzten Bleikiel festhalten mußten, war die Rumpfschale beängstigend leer.
Kollege Cord, Maschinenbau-Ingenieur, Perfektionist und Bastler, schreckte das nicht. Der Rumpf wurde mit dem tiefen Kiel hinterm Haus eingegraben, um eine brauchbare Arbeitshöhe zu haben, und ein beheizbarer Schuppen darübergebaut. Dieser Schuppen erfreute dann geschlagene vier Jahre alle Spaziergänger an der Weser und zeugte gleichzeitig von der Geduld und Wassersportfreundlichkeit Bremer Baubehörden.
In diesem Schuppen spielte sich im Laufe der Jahre (unter anderem) dann folgendes ab:
Es wurde ein provisorischer Fußboden als Arbeitsbasis installiert und danach das Hauptschott im Mastbereich sorgfältig eingepaßt, wobei die Zwischenlage der für die Schott/Außenhaut obligatorischen Schaum-

2.5-1 Außer den Kielbodenwrangen sieht man einen beängstigend leeren Rumpf (Foto Grimpen)

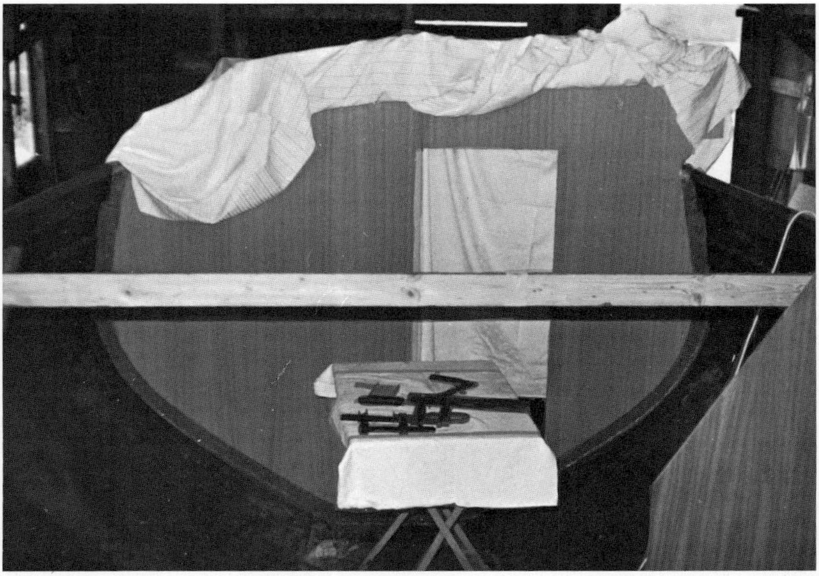

2.5-2 Nach Einbringen eines provisorischen Arbeitsfußbodens werden Hauptschott und hölzerne Balkenweger einlaminiert (Foto Grimpen)

stoffstreifen nicht vergessen wurde (Abb. 2.5–2).
Dazu mußte die Innenlage der Außenhaut, die ja durchgehärtet war, sorgfältig angeschliffen werden. In diesem Fall war es von Vorteil, daß die Rumpfinnenseiten noch nicht mit Topcoat abgedeckt waren.
Dann folgten, nach den Vorstellungen meines Kollegen Cord und seines Partners Harm, ausgesprochen umfangreiche Holzarbeiten an einem lamellierten Balkenweger, der gleichzeitig zur Freiborderhöhung diente, und an einem hölzernen Deck mitsamt Aufbau und Cockpit. Wie die Bauzustandsfotos dokumentierten, wurde dabei keine Liebe und Mühe gescheut, ein besonders elegantes Aussehen zu erreichen (Abb. 2.5–3). Keine Rundung und keine Kurve war zu diesem Zweck zu schwierig oder zu aufwendig.

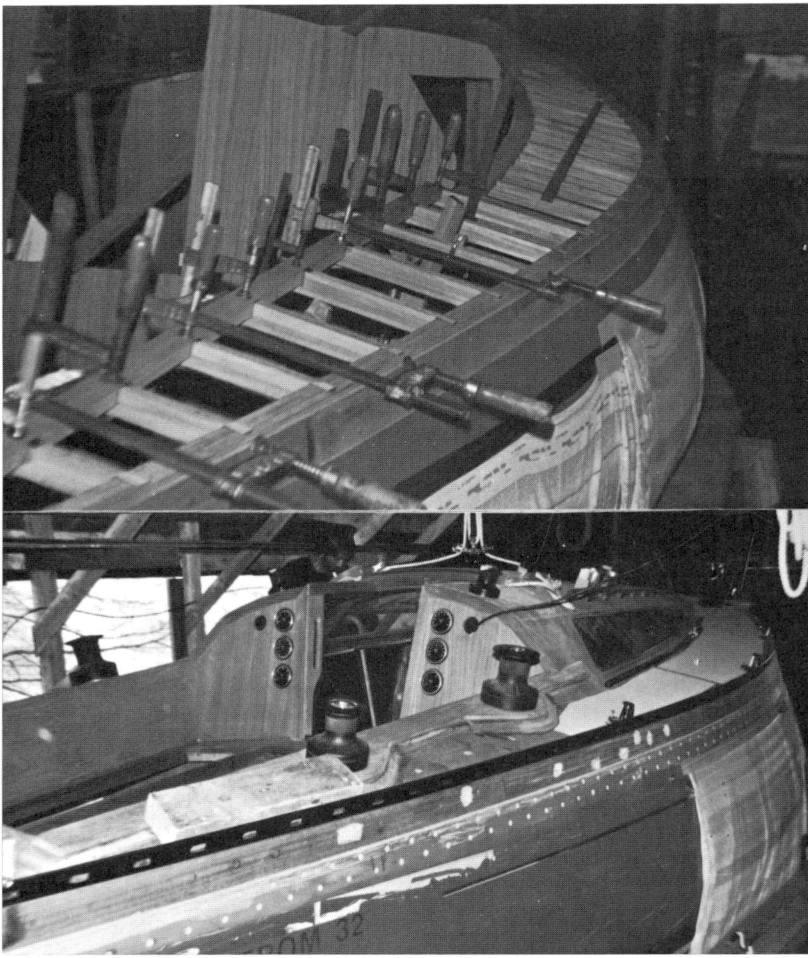

2.5-3 Umfangreiche Holzarbeiten an Deck, Aufbau und Cockpit sowie viele Verbesserungen an Einrichtungsdetails machten ein Superschiff aus der leeren Rumpfschale (Fotos Grimpen)

Die als Anhalt dienenden Einrichtungszeichnungen wurden praktisch nur für die Positionierung des Hauptschottes verwendet und alles in Detail nach eigenen Ideen verbessert. Diese liebevolle, jahrelange Detailarbeit nach eigenen Ideen machte aus der ehemals leeren Kunststoff-Rumpfschale zweifellos ein Superschiff – fast zu schade zum Segeln.
Der gleiche Perfektionismus setzte sich bei der Überarbeitung der Takelage und der Wahl des Segelmachers fort. Alles was gut (und damit meist teuer) war, wurde verwendet.
Die einzige Ausnahme dieses Hanges zur Perfektion war die Wahl eines zu kleinen, billigen Alu-Diesels, der dann die Gesamtsituation bei der Endabrechnung aber auch nicht mehr retten konnte. Als nach vier Jahren *Ausbauzeit* der Schuppen demontiert wurde (Abb. 2.5–4) und das Prunkstück „Rothaut" freigab, waren über *4000 Stunden* verarbeitet und Kosten angefallen, die *bei ca. 75% des Bauwertes* (d. h. dem Wert vergleich-

2.5-4 Als der abgebrochene Schuppen die „Rothaut" freigab, war das Schiff in einer Top-Verfassung (nicht ganz so die Bauherrn bei der Aufwandsabrechnung!)

barer Fertigyachten) lagen. Wenn ich davon ausgehe, daß dieser Einzelbau auf der Basis eines Serienrumpfes nur der Selbstbefriedigung diente, war das Vorhaben ein voller Erfolg (denn 4 Jahre Bauzeit übersteht kaum eine Freundin!). Ansonsten hat das Unternehmen „Rothaut" nicht viel mit dem Grundgedanken realistischen Selbstbaus gemeinsam, bei dem Rentabilität immer noch an erster Stelle stehen sollte.
Nun ist die „Rothaut" zweifellos ein Extremfall, zeigt aber ganz gut die Folgen eines Einzel-Ausbaus ohne aufwandsparende System-Grundlage. Mit dem getriebenen Aufwand hätte man mit System gut einen 17,5m-Rumpf ausbauen oder aber die 14m-HYDRA bei nur ca. 90% der „Rothaut"-Kosten in echtem Selbstbau erstellen und noch mit vielen Extras versehen können. – Das nur mal so zum Vergleich!

Der LM-Ausbaurumpf ist eine Möglichkeit, aus Dänemark ein sonst als fertiges Serienschiff verkauftes Objekt als aufgeteilte Baupakete zu erwerben. Das fällt unter meine Definition des „Pseudo-Selbstbaus" und erspart dem Selbstmontierer nach eigener Angabe von LM nur ca. 15% vom fertigen Serienschiff, mit dem Unterschied, das letzteres natürlich volle Garantie für das Gesamtobjekt bietet.
Unter dem entsprechenden Kapitel ist schon einiges zu diesem Thema ausgesagt worden.
Hier wird nun jedoch die Möglichkeit vorgestellt und illustriert, einen LM-Rumpf *ohne* den kompletten Einrichtungssatz zu erwerben und mit selbstbeschafftem Material auszubauen. Das tut, nach Angabe des führenden deutschen LM-Vertreters, schon die Hälfte aller LM-Selbstbauer, die insgesamt inzwischen jedoch einen kleiner werdenden Anteil an der LM-Gesamtproduktion ausmachen.
Als Beispiel dient die LM 27, ein weitverbreiteter Motorsegler, von dem LM selbst sagt, er wäre die Lösung für diejenigen, die nicht so recht wüßten, ob sie ein Ferienhaus, ein Motorboot oder ein Segelboot haben möchten (Abb. 2.5–5).

2.5-5 LM 27 : L = 8,35 m; B = 2,75 m; T = 0,95 m; D = 4 t; S = 38 m² a. W. ▷

LM
27

Der Minimum-Umfang eines Ausbaurumpfes der LM 27 macht schon stolze 44% des Bauwertes aus. Dieser Ausbaurumpf umfaßt – außer dem Kiel mit Ballast, Deck und Cockpit – aber auch schon montierte Deckenverkleidungen, Scheuerleisten, Fenster, Handläufer und das Ruder. Er beinhaltet aber auch schon die für den Selbstbau so wichtigen Anflanschstege für mittragende Schotte und Einrichtungsteile, die sonst praktisch kaum einer der kommerziellen Rumpfhersteller bietet! Wenn die Dimensionierung derselben auch nicht meinen Vorstellungen entspricht und auch schon anderweitig Kritik hervorgerufen hat, scheint das in der Praxis dieser Boote ja wohl auszureichen. Überhaupt sind Konzept und Dimensionierung dieses weitverbreiteten Motorseglers für die kleine Küstenfahrt ausgelegt worden und dafür bewährt.
Da immer mehr LM-Ausbauern die Ersparnis durch Selbstmontage kompletter Baupakete nicht ausreicht und sie auch glauben, bessere Details integrieren zu können, verzichten diese auf das Einrichtungspaket. Viele kaufen also die komplette LM 27, jedoch ohne Motor und Einrichtungssatz. Sie können so das äußerlich fertige Schiff, mit einer Plastikplane abgedeckt, hinter das Haus stellen und in Ruhe ausbauen (Abb. 2.5–6). Diese Schiffsgröße ist schon gerade groß genug, um an Bord gut montieren zu können, wenn in einer Werkstatt vorgefertigt wird.
Der Rumpf der LM 27 erleichtert durch die fertigen Bodensektionen und die schon einlaminierten Anflanschstege die Bordmontage beträchtlich (Abb. 2.5–7).
Über 60 Seiten Montageanleitung mit Einrichtungsfolge, Stücklisten, „Explosionszeichnungen" und Fotodrucken von montierten Teilen sind für die Selbstmontage des Einrichtungspaketes gedacht. Der Einblick in dieses System des Perfektionismus läßt jeden handwerklich-schöpferischen Menschen etwas erschauern (Abb. 2.5–8 und 9).
Jede Leiste, jede kleine Borde ist positioniert, zugeordnet und in einer vorgesehenen Einrichtungsfolge exakt beschrieben. Das ganze Montagesystem erinnert in seiner Perfektion an die Logistik, die bei der Bundeswehr und anderen staatlichen und halbstaatlichen Institutionen üblich ist.

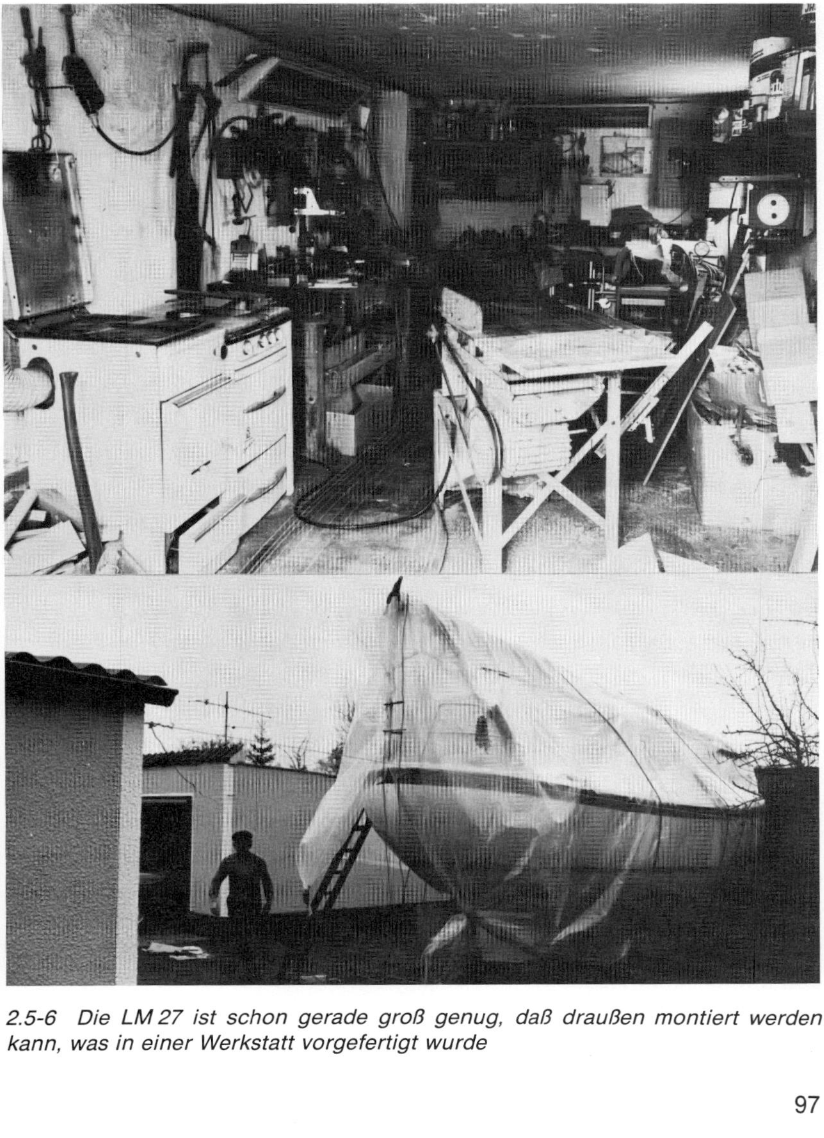

2.5-6 Die LM 27 ist schon gerade groß genug, daß draußen montiert werden kann, was in einer Werkstatt vorgefertigt wurde

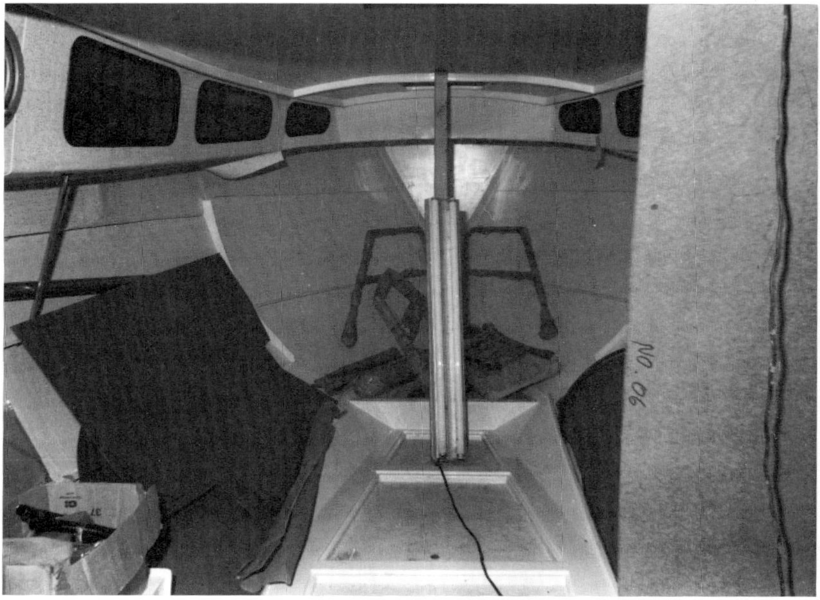

2.5-7 Durch schon einlaminierte Bodensektionen und Anflanschstege an Deck, Aufbau und Außenhaut wird die Einrichtungsmontage ganz wesentlich vereinfacht (Foto Herrmann)

Es gibt wahrscheinlich keine andere Möglichkeit, auch „Schneider und Bäcker" zu technischen Leistungen zu befähigen. Richtigen Beamtentypen unter den Selbstmontierern und unbedarften Bastlern muß eigentlich das Herz im Leibe lachen beim Anblick solcher Vollständigkeit.
Technisch und schöpferisch nicht unterentwickelten Selbstbauern sträuben sich dagegen etwas die Haare beim Anblick so kompletter Bevormundung für die Art des Ausbaus. Das mag auch bei LM mit dazu führen, daß immer mehr Ausbauer auf das Ausbaupaket verzichten.
Sie setzen lediglich die Schotten und Kojen dorthin, wo sie durch die schon einlaminierten Anflanschstege festgelegt sind (Abb. 2.5–10).

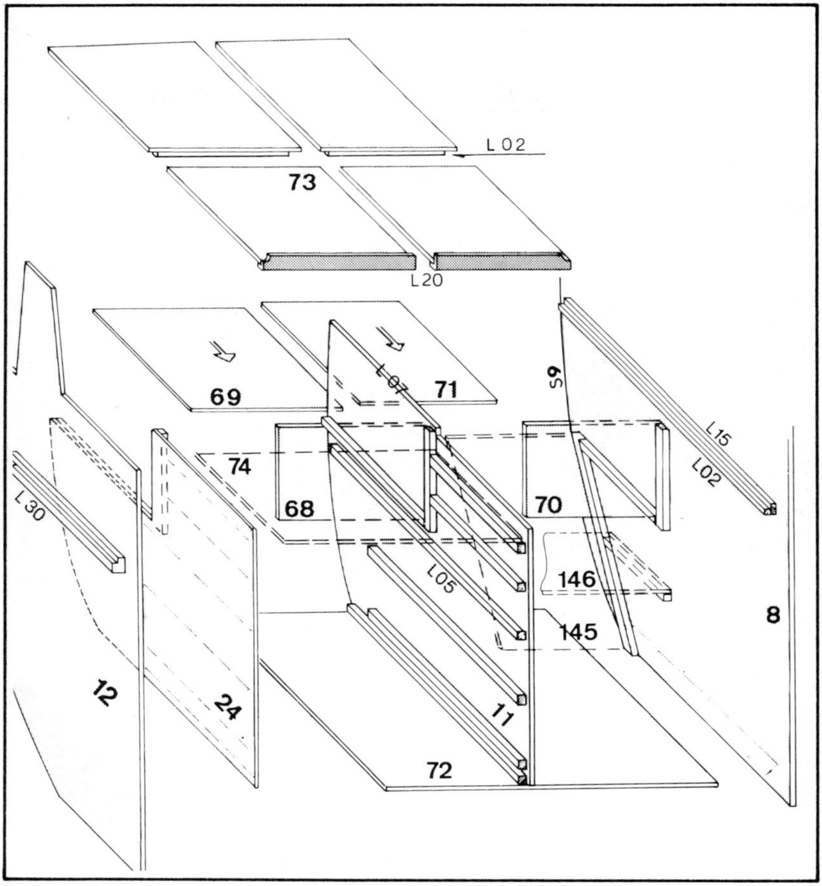

2.5-8 Sogenannte „Explosionszeichnungen" illustrieren, in Verbindung mit Fotodrucken, die über 60seitige Bauanleitung

BAUANLEITUNG FÜR LM 27/13

EINRICHT-UNGSFOLGE	STÜCKLISTE NR.	OPERATION
75	71	BB BODEN FÜR RAUM HINTER WASCHBECKEN WIRD ZWISCHEN SCHOTT 8 UND 11 AUF L.05 MONTIERT ZEICHNUNG NR. 8
76	68	BB SENKRECHTE ZWISCHENPLATTE FÜR KOCH-GASRAUM - MIT FALZ WIRD ZWISCHEN SCHOTT 11 UND 24 AUF L.05 MONTIERT FALZ OBEN GEGEN MITTE (BERECHNET FÜR BLANCO VASK)
77	69	BB BODEN IN KOCHGASRAUM WIRD ZWISCHEN SCHOTT 11 UND 12 AUF L.05 SCHOTT 24 MONTIERT ZEICHNUNG NR. 8
78	74	BB REGAL UNTER GAS WIRD ZWISCHEN SCHOTT 11 UND 12 AUF L.05 MON-TIERT ÜBER SCHOTT 24 ZEICHNUNG NR. 8 BLANCO ABWASCHBECKEN WIRD JETZT MONTIERT! MIT KANTE IN FALZ MONTIERT, AUF 68 UND 70

2.5-9 Einrichtungsfolgen und Stücklisten sind Bestandteile der Bauanleitung und erinnern einen in ihrer Perfektion an Bundeswehr-Logistik

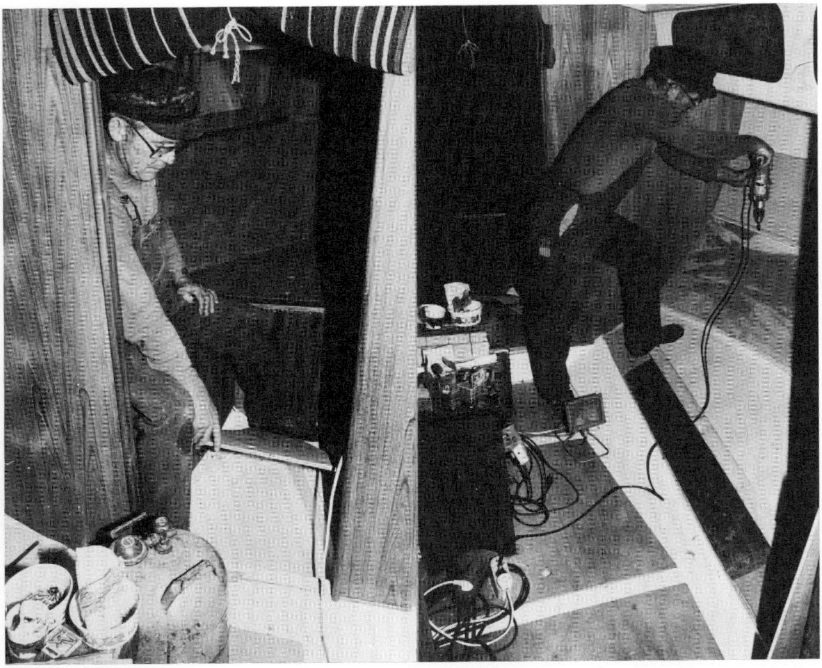

2.5-10 Auch Kapitän Voltmann, der nicht die erste Yacht selbst ausbaut, verzichtete auf das Ausbaupaket. Er verbolzt richtigerweise alle mittragenden Schotte und Einrichtungsteile mit den schon einlaminierten Anflanschstegen, gestaltet sonst jedoch die Einrichtung nach eigenen Vorstellungen und mit selbst besorgtem Material

Alle anderen Einrichtungsteile, die keine tragende Funktion haben, können dann frei nach persönlichem Geschmack geplant und gestaltet werden. Die vorhandene Bauanleitung kann dafür natürlich als Anhalt und Ideenspender verwendet werden.
Der Einkauf des Materials erfolgt im freien Handel, was gegenüber dem Ausbaupaket natürlich Geld spart, – aber Ausbaustunden kostet. Auch mit wenig Werkzeug geht das natürlich kaum noch, da z. B. Profilleisten

für Schiebetüren der Schränke gefräst werden müssen (wenn das nicht der Tischler nebenan für Sie tut). (Abb. 2.5–11). Als gute Hilfe beim Zuschneiden und Einpassen der mittragenden Einrichtungsteile können Schablonen aus Plastikfolie dienen, die LM für wenige hundert Mark mitliefert und für den halben Preis nach Gebrauch wieder zurücknimmt. Wie man sieht, gibt sich LM Mühe, dem echten Ausbauer zu helfen. Das hilft, vom unrentablen Montieren fertiger Baupakete mehr Abstand zu bekommen.

Wenn der Ausbauer dann noch auf den relativ teuren Motorensatz inklusive Einbau verzichtet (wie das auch die befragten LM-Ausbauer taten), kommt er der Rentabilität des echten Ausbaus in eigener Regie schon etwas näher (Abb. 2.5–12). Bei Verwendung eines marinisierten 4-Zylin-

2.5-11 Nichttragende Einrichtungsteile können frei gestaltet werden, wenn man eigene Ideen verwirklichen will. Profilleisten müssen dann selbst hergestellt werden (Foto Herrmann)

der-Autodiesels von Mercedes errechnete sich der Durchschnitt der Befragten schon gut *25% echte Kostenersparnis* im Vergleich zum fertigen Schiff aus. Das ist immer noch wenig, liegt aber in dem zwangsläufig relativ hohen Preis des sehr kompletten Ausbaurumpfes begründet.

Beim Vergleich zu den ungleich höheren Kosteneinsparungen nach dem HD-System ist natürlich auch zu bedenken, daß auf die Fremdlieferungen durch Unterlieferanten (wie Motor, Rigg, Segel usw.) erhebliche Aufschläge durch den Generalunternehmer üblich und kalkulatorisch auch unvermeidlich sind. Werbung, Ausstellungen, Verwaltung, Kundendienst und nicht zuletzt die Vertreterprovisionen setzen auch einer modernen Werft wie LM ganz natürliche Grenzen der Kosteneinsparungen für den Selbstbauer.

2.5-12 Wird statt des komplett von LM gelieferten Motorensatzes ein marinisierter Autodiesel in eigener Regie beschafft und eingebaut, macht das den Selbstbau natürlich rentabler (Foto Herrmann)

2.5-13 Die fertige LM 27 ist ein handiger Motorsegler für die Küste – hier bei dem für dieses „Ferienhaus auf dem Wasser" typischen „dänischen Kreuzen" mit Motor und Stützsegel (Foto LM glasfiber)

Im Gegensatz zu den mir von LM angegebenen 350 Ausbaustunden für die vorlackierte Baupaket-Einrichtung (der Durchschnitt der Befragten brauchte 550 Stunden!) sind für den Ausbau mit eigenem Material, einschließlich Marinisierung und Installation des Diesels, der E-Installation usw. *1000–1100 Arbeitsstunden* als realistisches Minimum von mir erfragt worden.
Auf jeden Fall ist eine Kosteneinsparung von 25% und mehr ja auch schon etwas, wofür man mal einen Winter stramm arbeiten und indirekt einige Tausender steuerfrei dazuverdienen kann.
Das fertige Schiff ist dann außerdem von größerem persönlichen Wert als der Serienbau oder der komplett vorgekaute Baukasten. Wie das mit der echten Rentabilität aussieht, wird an anderen Beispielen noch unter dem Kapitel „Bauwert und Wertbeständigkeit" näher analysiert.
Die fertige LM 27 ist ein handiger Motorsegler für die Küste (Abb. 2.5–13). Natürlich kann diese weitverbreitete Familienyacht mit dem Langkiel und den bulligen Linien weder unter Motor noch unter Segeln Besonderes leisten. Speziell in der Kreuz und hoch am Wind wird deswegen mit dem Großsegel oft gestützt und mit dem Motor gegenangeschoben. Dieses „dänische Kreuzen" gegen manchmal erhebliche Oberflächenströmungen der Ostsee ist zwar nicht besonders sportlich, aber diesem „Ferienhaus auf dem Wasser" angemessen. LM baut inzwischen auch das andere Extrem von Motorsegler mit tiefem Flossenkiel für das bessere Segeln, womit Sie sich allerdings andere entscheidende Nachteile für Flachwasser, Transport und Slip einhandeln.

2.6 Ausbaubeispiele: Metallrümpfe

Im Gegensatz zu einer Schwemme von Kunststoffrümpfen, oft in unterdimensionierter Billigbauweise, sind Stahl- oder Alu-Ausbaurümpfe verhältnismäßig selten auf Ausstellungen zu sehen. Das hat einmal den Grund, daß Metallrümpfe meistens erst für größere Yachten verwendet werden, deren Transport und Ausstellung schon zigtausende von Mark

kosten. Da diese hohen Unkosten ja irgendwie wieder hereinkommen müssen, wenn ein herkömmlicher, kommerzieller Hersteller auf die Dauer existieren will, müßte sich das zwangsläufig in erhöhten Preisen niederschlagen.
Der vielbenutzte Ausweg aus der Kostenmisere liegt hier ebenfalls in einer nicht fachgerechten, unterdimensionierten Bauweise. Ein großer Vorteil: Man sieht die Unterschiede deutlich! Ein Blick auf das System von Spanten und Bodenwrangen gibt selbst dem technischen Laien einen gewissen Eindruck, wes Geistes Kind der angebotene Ausbaurumpf ist (Abb. 2.6–1).
Da inzwischen aus Kostengründen sehr viele Knickspanter als Metall-Ausbaurümpfe auf dem Markt sind, können solche Vergleiche durchaus angestellt werden. Rundspanter mit entsprechend starker Plattenverformung haben von Natur aus eine bessere örtliche Festigkeit und brauchen dementsprechend weniger Aussteifungen.
Neben der großen Summe von technischen und kostenmäßigen Vorteilen richtig konstruierter Knickspanter haben diese in dem einen Punkt ein Minus: Die Beulsteifigkeit ist kleiner.
Gute Knickspant-Konstruktionen gleichen diesen Mangel durch ein dichtes Längsspant-System (Abb. 2.6–2) oder das Zwischensetzen von Beulsteifen zwischen die vorher gebauten Spantrahmen aus (Abb. 2.6–3). Minderwertige Knickspanter, oft holländischer Herkunft, sparen in dieser Beziehung doppelt: erstens den Bau und die Verschweißung eines fachgerechten Spantsystems, – und zweitens die sonst durch unvermeidliche Schweißspannungen notwendigen Richtarbeiten.
Solche für Seeschiffe unverantwortliche Bau- und Dimensionierungsmethoden werden hauptsächlich auf Bootsausstellungen den ahnungslosen Laien demonstriert. Das am Bau gesparte Geld wird also in die Werbung gesteckt und dem gutgläubigen Betrachter werden saubere, glatte Außenhautflächen präsentiert. Diese Schlitzohrigkeit, Stahlrümpfe fast ohne Spantsystem zu verkaufen, wird jedoch von immer mehr Interessenten erkannt. Sie finden auf den Bootsausstellungen aber fast nie die fachgerechten Gegenstücke. Sie sollten wissen: *Messekosten widersprechen der Selbstbau-Realität!*

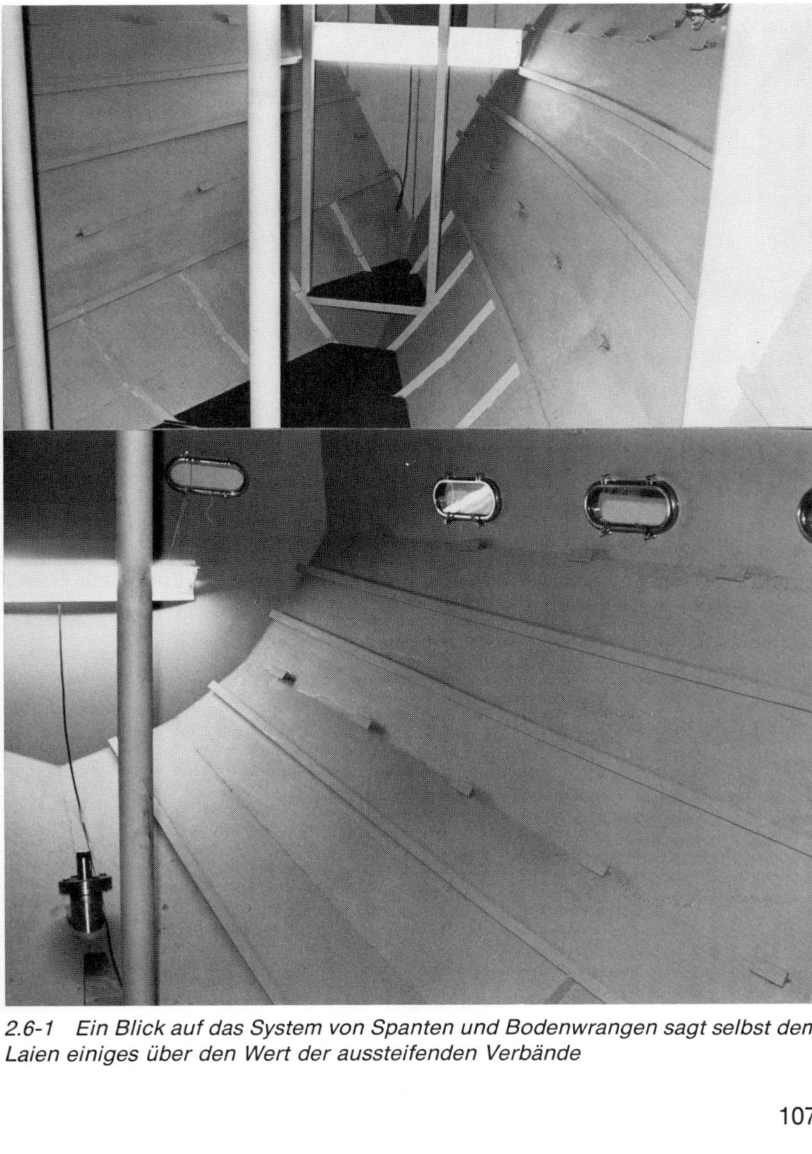

2.6-1 Ein Blick auf das System von Spanten und Bodenwrangen sagt selbst dem Laien einiges über den Wert der aussteifenden Verbände

2.6-2 ROBERTS-Knickspanter sind durch Querspanten und ein System von Längsspanten in beulsteife Außenhautfelder unterteilt

2.6-3 Die Ausbaurümpfe der HD-Typyachten werden auf vorgefertigten Querspantrahmen gebaut und die Beplattungsfelder durch dazwischengesetzte kleine Beulstreifen ausgesteift. Im unteren Bild sind die Beulstreifen erst teilweise dazwischengesetzt (Foto Köberl) ▷

Hunderte fachgerecht dimensionierter und sauber gebauter Metall-Ausbaurümpfe, meistens in der Größe zwischen ca. 9 und 14 m Länge, erreichen ihre Käufer *ohne* jede Messe (Abb. 2.6–4). Das trifft für die Serien-Rundspanter der Finkenwerder Feltz-Werft genauso zu, wie für Doppelknickspanter der spezialisierten Rumpfhersteller, die im deutschsprachigen Europa nach dem HD-System gebaut werden.
Der Weg über die eigene Leistung ist etwas mühseliger, wird aber um so aktueller werden, je mehr Bauwillige von den neuen Möglichkeiten des Yacht-Selbstbaus durch Beispiele und Vorbilder erfahren.
Die meist handwerklich arbeitenden Meisterbetriebe gehen den Weg der Kostenreduzierung zugunsten besserer Technik. Sie bieten durchweg mehr als „spantarme Blechtrommeln". Wenn Sie im Rahmen eines Systems wertbeständiger, einheitlicher Typyacht-Konstruktionen arbeiten, in dem jeder nur an seiner eigenen Leistung verdient, können den Ausbauern Rumpfpreise geboten werden, die nicht einmal von Rumpfherstellern besagter Billig-Rümpfe unterboten werden können.
Erfreulich ist auch, daß schiffbaufremde, metallverarbeitende Meisterbetriebe sich mit gutem Erfolg an bewährte Doppelknickspant-Rümpfe wagen. Sie haben durchweg keine Probleme mit dieser Art des vereinfachten, aber grundsoliden Yachtrumpf-Baus. Solange sie nicht den falschen Ehrgeiz haben, als Werft, also als Generalunternehmer, zu arbeiten, sind sie konkurrenzlos preisgünstig. Das gilt in zunehmendem Maße auch für Alu-Rümpfe, denen wohl die Zukunft des hochwertigen, realistischen Yachtbaus gehören dürfte.
Im Gegensatz zu Ausbaurümpfen aus Kunststoff sind Metall-Ausbaurümpfe durchweg freitragend konstruiert. Das bedeutet, daß Einrichtungsumstellungen gegenüber dem konstruktiven Grundkonzept möglich sind.
Metall-Ausbaurümpfe werden erst oberhalb der 9 m-Grenze rentabel, und die Zukunft der vollwertigen Yacht liegt in der Größenordnung zwischen 10 und 15 m Länge. Das bedeutet gleichzeitig, daß Ausbauer dieser größeren Projekte selten unrealistische Bastler sind und fast nie ohne technischen Hintergrund an ihr Bauvorhaben gehen.
Sie sind fast ausschließlich Vorbesitzer normaler Kunststoff-Serienyach-

2.6-4 Hunderte fachgerecht dimensionierter und sauber gebauter Metall-Ausbaurümpfe erreichen ihre Käufer ohne Messen und Werbung (Foto Jaresch & Wegener)

ten und wollen nun das grundsolide Schiff fürs Leben, – und oft auch für weltweite Fahrt.

Karl Feltz, der seit Jahren auf seiner Finkenwerder Werft speziell stählerne Rundspantrümpfe für Selbstausbauer baut (Abb. 2.6–5), machte sich die Mühe, eine Ausbau-Anleitung mit vielen Skizzen (Abb. 2.6–6) für seine Kunden auszuarbeiten. Der Bedarf danach verlief sich, nach seinen eigenen Worten, im Sande. Er meint, daß die Selbstbestätigung wohl keine Hilfe verträgt.
Ich selber sehe allerdings meine These bestätigt, daß der ernsthafte und realistische Yacht-Selbstbau nicht ohne Vorbildung erfolgen soll und

2.6-5 Rundspant-Stahlrümpfe sind nicht so viel teurer, wenn sie über einen Leisten gebaut werden. Isolierung und Ausbau erfordern jedoch größeren Aufwand (Foto Feltz-Werft)

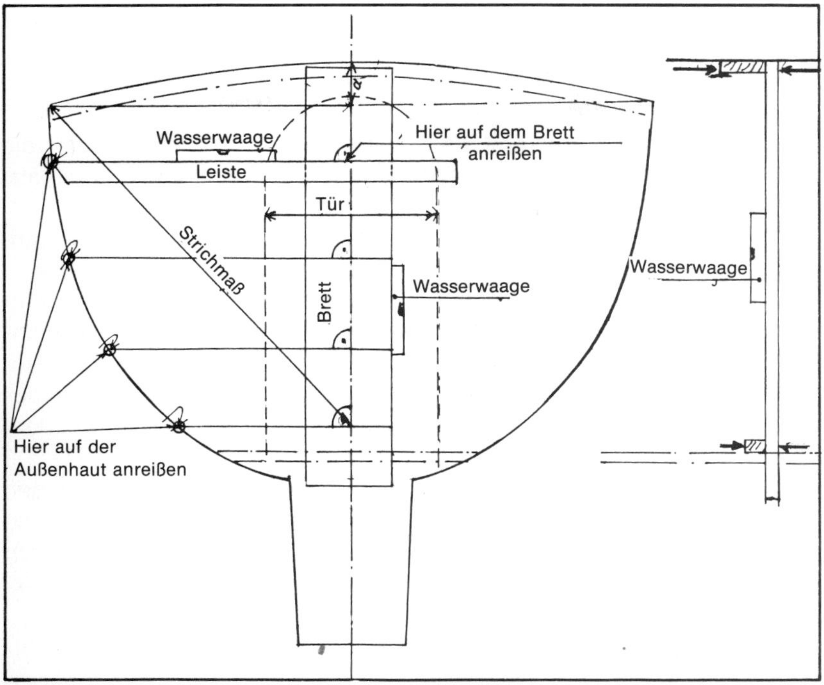

2.6-6 Skizzen (hier das Ausmessen eines Querschottes) in Ausbauanleitungen, wie die von Karl Feltz für seine Stahlrümpfe, sind zwar hilfreich, werden von den Ausbauern größerer Yachten jedoch kaum gebraucht

kann. Dazu gehört etwas mehr als eine Ausbau-Anleitung für Bastler. Ohne etwas intensive Lektüre vernünftiger Selbstbau-Literatur dürfte kein fachgerechter Yachtbau zustandekommen, und ein paar Jahre meiner Arbeit in dieser Richtung scheinen nicht umsonst gewesen zu sein.

Da es nicht Sinn dieses Buches sein kann, die Texte Hans Donats und der Autoren des Buches „Yachtbau“ zu diesem Thema zu wiederholen, hier nur kurze, aber wichtige Hinweise:

1. Erst wenn der Rumpf innen komplett konserviert ist, beginnt der Ausbau.
2. Knickspanter lassen sich viel einfacher isolieren und wegern. Auch das Einpassen der Schotte geht erheblich leichter.
3. Grundsätzlich werden erst die Hauptschotte, dann der Fußboden, die Blindhölzer, die Isolierung, die Wegerungen, die Schränke und zuletzt die Decken eingebaut.
4. Motor- und E-Installationen erfolgen vor der Einrichtung des Rumpfes, Restarbeiten der Verkabelung vor dem Festschrauben der Decke.

Eine entsprechend wichtige Voraussetzung für den Ausbau eines Yachtrumpfes sind speziell für diesen Zweck erarbeitete Einrichtungszeichnungen. Sie sollen alle Materialstärken enthalten, um Falschdimensionierungen des Ausbauers zu vermeiden. Die gewichtsintensiven Einbaukomponenten wie Maschine, Batterie und Tanks müssen daraus klar ersichtlich sein.

Selbst wenn der Ausbauer seine Einrichtung nach eigenen Vorstellungen umgestalten will, muß er dazu unbedingt wissen, welche Gewichte und Schwerpunkte sein Konstrukteur vorausgesetzt hat. Nur so kann er durch einfache Momentenrechnungen auch für seine Änderungen die vorgesehene Schwimmlage der Yacht einhalten.

In dieser Beziehung werden dem Selbstausbauer noch größtenteils vollkommen unzureichende Unterlagen geliefert. Das gilt vor allem für kommerzielle Rumpfhersteller, die auch nicht den Konstrukteur benennen, an den sich später der ratlose Ausbauer mit eventuellen Rückfragen wenden kann. Es ist also von größter Wichtigkeit, *vor* der Entscheidung für einen bestimmten Ausbaurumpf sich genau zu vergewissern, wie gut die Ausbaupläne sind und welcher Beratungsdienst geboten wird.

Bis auf den Ausbau „spantarmer Blechtrommeln“, bei denen die Einrichtung den Rumpf ausstützen muß, ist der Ausbau von Metallrümpfen denkbar einfach. Es wird entweder mit den Spanten verbolzt oder mit kleinen Blechknaggen, die ein handwerklicher Rumpfhersteller Ihnen auch nach speziellen Angaben ohne besondere Kosten an Deck und Außenhaut schweißt.

Besonders einfach ist der Ausbau von modernen Doppelknickspantern,

bei denen keine Rumpffläche doppelt verformt ist. Hierbei läßt sich beim Isolieren mit eingeklebten Hartschaumplatten arbeiten, die Blindhölzer an den Spanten sind gerade Leisten vom laufenden Meter und die Einrichtungsschotten können millimetergenau vorgefertigt werden (Abb. 2.6–7).
Nach den genauen Aufmaßen der wenigen Knickpunkte ist das so sicher und einfach, daß die Einrichtung oft weitgehend vorgefertigt und sogar vorlackiert werden kann, bevor der Rumpf überhaupt existiert. Das ist vor allem dann interessant, wenn die Phase des direkten Einbaus sehr kurz gehalten werden soll, was ich persönlich immer vorziehe.
Auf jeden Fall drückt sich der vereinfachte Ausbau eines *Doppelknickspanters* gegenüber einem vergleichbaren Rundspanter in der Größenordnung zwischen 13–14 m Länge so aus, daß dieser *nur ca. 1900* Ausbaustunden, der *Rundspanter aber durchschnittlich etwa 2500 Ausbaustunden* erfordert.

Stählerne Rundspantrümpfe *kosten ca. 35% des Bauwertes*. Wenn sie rationell über einen Leisten gebaut werden, kann sich das um ca. 5% reduzieren.

Stählerne Doppelknickspantrümpfe vom spezialisierten handwerklichen Hersteller dagegen gibt es *schon ab ca. 22% des Bauwertes*. Für diese Werte ist der Bau mit gesandstrahlten und geprimerten Platten vorausgesetzt. Zum Lieferumfang gehören: der komplette schiffbauliche Rumpf mit Deck und Cockpit, Ruder ohne Quadrant und der Kiel ohne Bleifüllung. Unter den gleichen Voraussetzungen läge der Preis eines *Alu-Doppelknickspanters bei ca. 32% des Bauwertes*, also nur ca. 10% höher als der einer grundierten Stahlversion.
Für den Ausbau kommen ca. weitere 25% des Bauwertes dazu, um zum segelfertigen Schiff zu kommen. Die Aufgliederung dieser Kosten ist schon unter 1.3 „Die finanzielle Seite“ behandelt worden.

Die Gesamtbaukosten beim Ausbau von Ganzmetall-Rümpfen liegen also zwischen *47% und 60% des Bauwertes*, je nachdem, welches System man wählt. *53% Baukostenersparnis* vom Bauwert setzt den ratio-

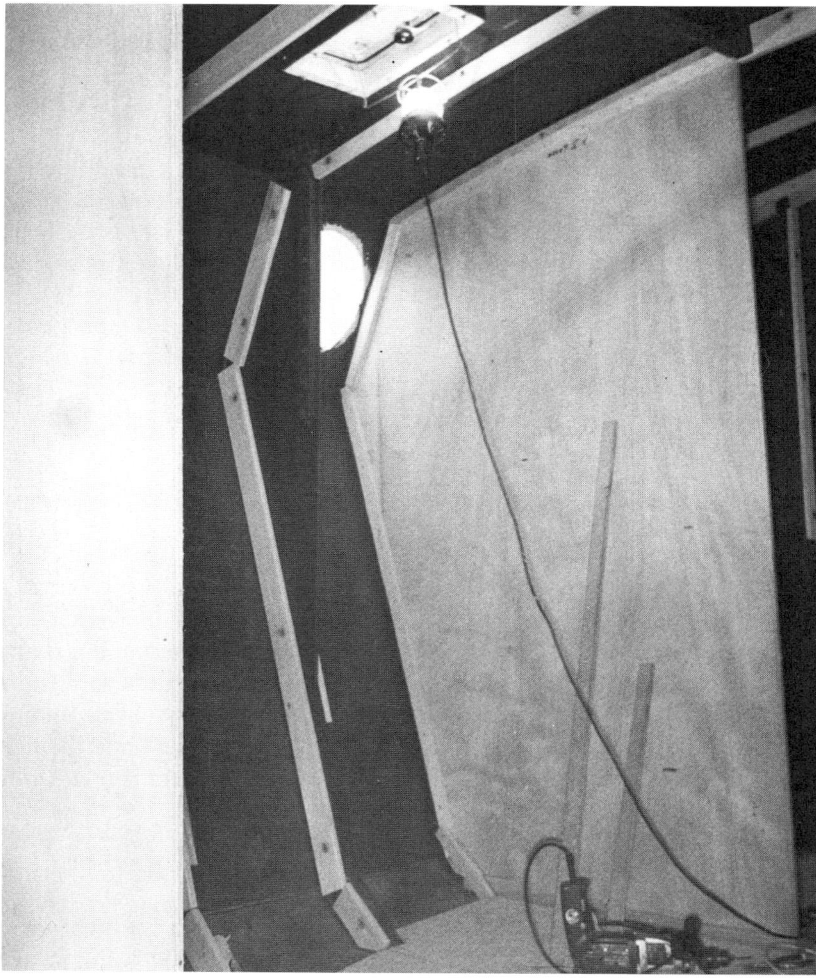

2.6-7 Die wenigen Knickpunkte eines Doppelknickspanters und dessen kaum verformte Außenhautflächen machen Vorfertigung und Einrichtung besonders einfach

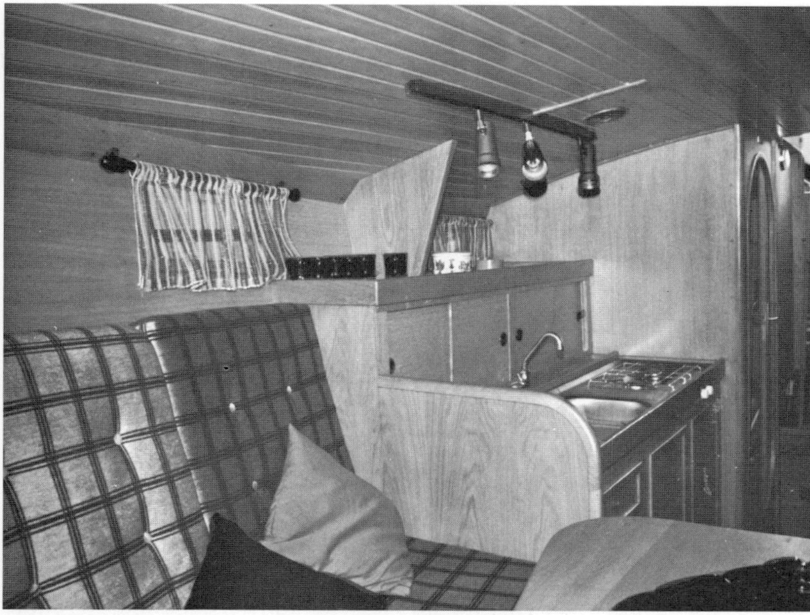

2.6-8 Fachgerecht ausgebaute Metallrümpfe ergeben die sichersten, langlebigsten und wertbeständigsten Selbstbauyachten überhaupt (Foto Feltz-Werft)

nell auszubauenden *Doppelknickspanter mit günstigen Beschaffungsmöglichkeiten* von Rigg, Segeln usw. durch organisierte Sammelbestellungen voraus.
Aber auch für nur ca. 40% Baukostenersparnis bei Verwendung guter Rundspantrümpfe ist der Ausbau von Metallrümpfen noch lohnend und gibt recht attraktive Ergebnisse (Abb. 2.6–8).
Es ist unübersehbar, daß erfahrene Schipper gesteigerte Ansprüche an Sicherheit, Lebenserwartung und Wertbeständigkeit ihrer Yacht in stark zunehmendem Maße mit fachgerecht gebauten Metallrümpfen befriedigen. Das gilt für Hochseegebiete genauso wie für die ruppigen nordeuropäischen Küstenreviere.

3. Der echte Selbstbau

Auf dem Umweg über den Pseudo-Selbstbau und den Semi-Selbstbau komme ich nun zum Kernpunkt des Themas, dem echten Selbstbau.
Da der Ausbau, ein Teil des gesamten Selbstbaus, nun schon unter dem entsprechenden Kapitel 2 abgehandelt worden ist, steht jetzt nur noch der Bau der Rümpfe zur Beschreibung und Illustration an.
Die verschiedenen Baustoffe spielen dabei eine entscheidende Rolle. Sie werden unter 3.1 „Das Baumaterial" kurz verglichen und in den folgenden Untertiteln dann detaillierter beschrieben und anhand der gebräuchlichsten Baumethoden veranschaulicht.
Es ist eine erstaunliche Tatsache, daß der echte Selbstbau selten veröffentlicht wurde, obgleich in aller Welt seit langen Jahren Tausende von echten Selbstbau-Yachten entstanden.
Für größere seegehende Yachten und für Yachten mit besonderen Anforderungen an Sicherheit, Lebensdauer und Zuverlässigkeit zeigt sich nun sogar ein stark steigender Bedarf. Speziell in den nordeuropäischen Hochlohn-Ländern sind größere Qualitäts-Yachten fast nur noch durch den Selbstbau bezahlbar, vor allem, wenn der Bauherr die gesamte Kaufsumme nicht so einfach hinblättern kann. Serienbauten aus weitentfernten Niedriglohn-Ländern erreichen unseren Markt fast nur über sehr wache Händler, die für weitgehende preisliche Angleichung sorgen, oder es handelt sich um wirklich minderwertige Bauweisen.
Transportkosten und schlechte Überwachbarkeit der Hersteller setzen da ebenfalls natürliche Grenzen, von Garantieproblemen ganz zu schweigen.
Der echte Selbstbau nach alten Werftplänen, ohne unterstützende Beratung und Einkaufsvorteile, hat sich als kompliziert und unübersehbar herausgestellt.

Konstrukteure, die ohne entsprechende Erfahrung mit dem Selbstbau arbeiten, nur weil der Trend in diese Richtung geht, sind oft ratloser als der Selbstbauer selbst. Unrentable Bauweisen und nicht fachgerechte Details führen dann zu hohen Baukosten und überflüssigen Arbeitsstunden. Das folgende Kapitel soll dem Selbstbau-Interessenten die Möglichkeiten bieten, sich seine eigene Meinung über das geeignete Baumaterial und die zweckmäßigste Bauweise zu bilden.

3.1 Das Baumaterial

Es geht beim realistischen Yacht-Selbstbau nicht nur darum, das Baumaterial zu wählen, zu dem man eine emotionelle Zuneigung empfindet. Diese muß, ganz im Gegenteil, hinter der Frage der Zweckmäßigkeit, der Baukosten und der zuverlässigsten Bauweise zurückstehen, wenn es ein rentabler und erfolgreicher Bau werden soll.

Der Selbstbau in Kunststoff muß klar von den strengen Anforderungen an Fachkenntnisse und vor allem der geeigneten Werkstatt abhängig gemacht werden.

Der moderne vollverleimte Holzbau ist da kaum günstiger dran und übertrifft sogar die schon hohen Materialkosten des Kunststoffbaus.

Ferrozement, früher oft als gutes Selbstbaumaterial hochgelobt, hat sich als schwierige Baugrundlage mit wenig Attraktivität herausgestellt.

Stahl dagegen wird von vielen mit einer Skepsis angesehen, die bei diesem unproblematischen und ehrlichen Baumaterial keinesfalls gerechtfertigt ist.

Alu: Noch mehr trifft das für *Alu als Baumaterial* für den Selbstbau zu, über dessen Schwierigkeitsgrad und Beständigkeit wahre Schauermärchen kursieren.
Was wirklich daran ist, sollen die folgenden Abhandlungen klarstellen, außerdem werden jeweils anschließend die gebräuchlichsten Bauweisen für die verschiedenen Baumaterialien an Beispielen demonstriert.

3.2 Kunststoff, selbstbauproblematisch

Nach der Meinung von Nichtfachleuten ist Kunststoff das Baumaterial für den Selbstbau, das mit den geringsten Fachkenntnissen zu verarbeiten ist.
Diese Meinung wird auch von einer Handvoll Fachleuten unterstützt, die dieses teure Baumaterial vertreiben und die auch auf den Selbstbauer als Abnehmer nicht verzichten wollen.
Unter den erfahrenen Kunststoff-Yachtbauern geht die Sage um, daß der Kunststoff-Verkäufer nicht von dem Material lebt, aus dem die Boote gebaut werden, sondern von der ungleich größeren Materialmenge, die als Ausschuß in den Mülleimer wandert!
Wenn dem so wäre, daß dermaßen viel an Ausschuß erkannt und verworfen würde, wäre vielen Fachleuten etwas wohler zumute.
Ganz im Gegenteil ist nämlich die Unwissenheit, welche Qualität ein Kunststoff-Laminat zwischen dem blanken Gelcoat außen und dem abdeckenden Topcoat innen wirklich hat, das wahre Kriterium dieses Baumaterials.

Wir haben es hier mit einer nichthomogenen Baustoffzusammensetzung aus Harz und verstärkenden Fasern zu tun, die unkontrollierbar ist, wenn das Bauteil dabei nicht zerstört werden soll. Rezepturen und Arbeitsgänge sind also peinlich genau einzuhalten, um eine hohe Wahrscheinlichkeit guter Qualität zu erreichen. Es bleibt dann noch die Frage offen, ob das verwendete Harz nicht durch Überalterung, Frost oder Hitze gelitten hat, – ebenfalls eine Frage des Vertrauens zum Lieferanten und in die eigene Sorgfalt. Die Frage, die jedoch am meisten vernachlässigt wird, ist die nach der Umgebungstemperatur und der Luftfeuchtigkeit in der Werkstatt, die für die Qualität des Laminats doch mit von entscheidender Bedeutung ist.
Dazu kommen solche entscheidenden Fragen, wie die nach der Wahl der richtigen Haftmittel für die Glasfaser-Verstärkungen, die auf das gewählte Reaktionsharz abgestimmt sein müssen, die richtige Oberflächenversiegelung von Hartschaumzwischenlagen und vieles andere mehr.

Auch für andere Baumaterialien sind Kenntnisse und Sorgfalt notwendig. Im Gegensatz etwa zu den homogenen Metallen zeigen sich Fehler beim Kunststoffbau jedoch selten äußerlich. Selbst wenn nach Jahren schon ein weitgehendes Delaminieren eingetreten ist, sind die Oberflächen oft noch schön blank und glatt. Fehler im Laminat werden also selten schnell entdeckt, sondern meistens erst nach Jahren harter Beanspruchung.
Wenn nach Jahren das fertige Schiff unverständlicherweise immer schwerer wird und beim nachträglichen Einbau eines Außenhautdurchtritts für ein Echolot oder ein Speedo sich die Außenhautstärke als sehr viel dicker herausstellt, als sie nach Laminatplan eigentlich sein sollte, stellen sich oft erst die gemachten Baufehler heraus.
Solche Fehler gibt es auch beim minderwertigen Serienbau. Beim Selbstbau durch Laien wird jedoch die Fehlerwahrscheinlichkeit logischerweise noch größer.
Werden in unseren Breiten, mit Minusgraden im Winter, die ersten Anzeichen verstärkter Wasseraufnahme entdeckt, ist es meistens für jeden Rettungsversuch zu spät. Das auseinanderfrierende Laminat wird immer dicker und schwächer, – für viele oft ein Grund, ihren Kunststoffbau schon nach wenigen Jahren ohne Angabe von Gründen zu verkaufen.
Dieses gefürchtete Delaminieren durch Erosion ist in frostfreien Gegenden weitgehend unbekannt, – ein oft übersehener Umstand, der eventuelle Baufehler und auch Unterdimensionierungen nicht so tragisch hervortreten läßt wie bei uns.
Für mich und viele Kunststoff-Fachleute ist Kunststoff als Baumaterial denkbar problematisch und für den Selbstbau durch Laien nicht zu empfehlen. Wird nach einer fachgerecht nach GL dimensionierten Konstruktion gebaut und können die einwandfreien Einrichtungen einer Kunststoffwerkstatt unter Aufsicht guter Fachleute benutzt werden, steigen die Chancen einer einigermaßen dauerhaften Kunststoffqualität.

Die Lebenserwartung von Kunststoffyachten ist kaum zu bestimmen. Es soll schon 30 Jahre alte Einzelexemplare geben. Wenn diese jedoch nicht Winter für Winter der Erosionsgefahr durch Frost ausgesetzt waren, hat dieses erreichte Alter für unsere Breiten keinen Wert.

Auf jeden Fall erscheint die Lebenserwartung durchschnittlicher, oft unterdimensionierter Kunststoffyachten in unseren Breiten eine sehr fragliche Größe zu sein. 10–20 Jahre kann man vielleicht als gesichert annehmen, wenn man sie nicht hart belastet.

Für den *Einzelbau in Kunststoff* kommt eigentlich nur das Bauen über eine Positivform in Frage, da der Aufwand für eine Negativform unvertretbar hoch wäre.
Da Glasfasermatten und -Gewebe relativ gut formbar sind, geht es beim Kunststoffbau fast ausschließlich um Rundspantrümpfe. Das ist, wegen der großen Elastizität von glasfaserverstärktem Kunststoff, auch kaum zu umgehen, um einen einigermaßen steifen Rumpf zu erhalten.
Knickspantrümpfe wären allerdings in relativ einfachen Negativformen möglich, wobei dann aber eine Sandwichkonstruktion gewählt werden müßte, um die notwendige örtliche Steifigkeit zu erreichen. Das wird vereinzelt gemacht, birgt aber weitere Probleme der Haftung zwischen Sandwich-Zwischenlage und abdeckenden Laminaten in sich.
Während hier bei uns der Kunststoff-Selbstbau, vor allem als Einzelbau, kaum noch vertreten ist, wird er in den warmen und trockenen Zonen unserer Erde von allen Selbstbau-Methoden am meisten angewendet. Das trifft auch für das sonnige Kalifornien zu, wo vor allem nach den Plänen meines Konstrukteur-Kollegen Bruce Roberts solche Einzelbauten über Positivformen gebaut werden.
Für den Bau der Form ist ein Aufriß in voller Größe notwendig, nach dem ein Satz Mallspanten aus Holz anzufertigen ist. Dieser Spantensatz wird über Kopf aufgestellt und mit dichtliegenden Längslatten benagelt (Abb. 3.2–1). Der Kiel gehört ebenfalls zur Form, die dann mit einer starken Kunststoff-Folie abgedeckt wird. Auf so einer Positivform mit sehr eng liegenden Längslatten kann direkt eine massive Rumpfschale laminiert werden.
Selbstbauer in sonnigen und frostfreien Zonen bauen jedoch meistens mit einer Sandwich-Zwischenlage aus Balsa-Hirnholz oder Airex-Schaum oder aber mit C-Flex-Matten. Diese untereinander verbundenen Stäbe aus glasfaserverstärktem Kunststoff haben eine noch höhere Ei-

3.2-1 Eine Positiv-Form aus Mallspanten und engliegenden Längslatten, mit starker Kunststoff-Folie abgedeckt, ist die Basis für das Laminieren eines Kunstoff-Einzelbaus (Foto Roberts)

gensteifigkeit als Balsa-Core oder Airex-Platten. Dafür braucht die Positivform nur Latten in ca. 8 cm Abstand zu haben (Abb. 3.2–2). Das gleiche gilt bei Verwendung von Airex-Schaumstoffplatten, die mit groben Stichen einfach auf das Lattengerüst genäht und so gleichzeitig verformt werden.

Das Laminieren von Kunststoff-Rümpfen ist nun tatsächlich handwerklich ein recht primitiver Vorgang, bei dem ein verantwortlicher Bauleiter aber unbedingt die Harz-Anmischung überwachen und die aufgebrach-

3.2-2 Für eine Sandwich-Bauweise mit C-Flex oder Aerex-Schaumstoffplatten genügt eine Lattenentfernung von ca. 8 cm. Hier eine ROBERTS 36 in Bau. Die Plastikfolie verhindert das Durchdringen des Harzes und ein unbeabsichtigtes Verkleben mit der Holzform (Foto Roberts)

ten Glasfaser-Verstärkungslagen pedantisch genau mitzählen und aufschreiben muß.

Zum handwerklichen Arbeiten kann man dann „Schuster und Bäcker“ abrichten (Abb. 3.2–3).

Der Bauleiter, meistens der Bauherr selbst, muß vor allem darauf achten, daß die Zwischenlagen für die im Laminatplan des Konstrukteurs vorgesehenen Verstärkungen richtig angeordnet werden. Das gilt vor allem für

3.2-3 Das handwerkliche Laminieren ist relativ einfach (Foto Roberts)

3.2-4 Der verantwortliche Bauleiter muß pedantisch genau auf die Anzahl der konstruktiv vorgesehenen Glasfaserlagen achten. Besonders im Kielbereich wird auf die saubere Abstufung der Verstärkungslagen Wert gelegt (Foto Roberts)

den Kielbereich, in dem immer Extralagen mit entsprechenden Abstufungen vorzusehen sind (Abb. 3.2–4).

Fehler, die hier gemacht worden sind, sind kaum gutzumachen, da die abgestuften Verstärkungen wieder jeweils unter in voller Rumpfhöhe durchlaufenden Lagen liegen müssen.

Wenn der gesamte Laminier-Vorgang der Außenlagen abgeschlossen ist, wird dieser halbe Sandwich-Rumpf entformt (Abb. 3.2–5).

Das gleiche trifft für die komplett fertig laminierte massive Rumpfschale zu. Ohne Hilfe eines Kranes ist das praktisch kaum möglich und zeigt wieder einmal die Grenzen des Kunststoff-Einzelbaus, wo das in einem engen Schuppen kaum möglich sein dürfte.

3.2-5 Der halbfertige Sandwich-Rumpf oder der ganz fertige Massiv-Rumpf wird nach entsprechender Aushärtezeit per Kran ausgeformt (Foto Roberts)

Die begleitende Folge der Abbildungen zeigt dem staunenden Nordeuropäer nämlich den drastischen Unterschied im Schwierigkeitsgrad des Kunststoffbaus: In Kaliforniens trockenem, sonnigen Klima spielt sich all das unter freiem Himmel ab, was in unseren trüben Breiten ein Fiasko für die Bauqualität bedeuten würde.
Wenn man dann weiter bedenkt, daß unter diesen sonnigen Verhältnissen selbst in unterdimensionierten GFK-Rümpfen kein Delaminieren durch Erosion vorkommt, weil es einfach keinen Frost gibt, dann muß es einem wie Schuppen von den Augen fallen: *Der „kalifornische" Kunststoff-Selbstbau ist auf unsere nordeuropäischen Verhältnisse nicht übertragbar!*

Das gilt auch für das dort praktizierte nachträgliche Anlaminieren von tragenden Einrichtungsteilen. Ohne entsprechend eingerichtete Werkstatt läuft bei uns nichts. Alle Versuche in anderer Richtung sind unverantwortlicher Murks! Diese Erkenntnis wächst genauso, wie die Preise für Laminierharze ständig steigen, und macht den Selbstbau in Kunststoff immer weniger interessant.

Zurück zur Kunststoff-Technik: Die Bauweise in Negativformen, die ja alleine die außen glatte Außenhaut ergibt, ist auch die bei uns übliche Kunststoff-Bauweise. In aufwendigen geteilten Formen aus Kunststoff mit aussteifendem Rohrgerippe wird der ganze massive Rumpf oder auch die Außenlage eines Sandwich-Rumpfes laminiert und nach dem Aushärten entformt (Abb. 3.2–6). Diese Formen wären für einen Einzelbau unverantwortlich teuer. Das ist der Grund für die vielfache Benutzung einer Form, die oft einem qualifizierten Kunststoffbetrieb gehört. Wenn der Selbstbauer nun auch noch die richtig eingerichtete Werkstatt, das einwandfreie Material und die fachliche Beratung dieser Fachfirma erhält, ist nichts gegen solchen Kunststoffbau einzuwenden.
Nur „Selbstbau" dürfte er nicht mehr heißen! In solchen Fällen ist der Bauherr ja praktisch nur noch Hilfsarbeiter und spart auch dementsprechend kaum etwas von den Baukosten.
In der Negativform gebaute Sandwich-Rümpfe, genauso wie solche, die von der Positivform kommen, werden nach dem Entformen nun von innen mit der vorgesehenen Anzahl von Innenlagen beklebt (Abb. 3.2–7). Dabei gibt es einen entscheidenden Unterschied. Verantwortungsbewußte Selbstbauer fräsen im Bereich von Schotten und tragenden Verbänden die Sandwichlage aus und füllen diese Gräben mit massivem Laminat auf. Erst dann wird die komplette Innenlage einlaminiert. Auf diese Weise wird ein fester Verband zwischen tragenden Einbauten und dem Gesamtverband der Außenhaut erreicht. Die Masse der Selbstbauer und auch der kommerziellen Ausbaurumpf-Hersteller klebt ihre Festigkeits-Verbände dagegen schamlos auf die dünne Außenhaut-Innenlage und demonstriert damit eine echte „Eierschalen-Bauweise" minderwertiger Qualität und begrenzter Dauerhaftigkeit.

3.2-6 Das Bauen in einer geteilten Negativ-Form ist auch die bei uns übliche Baumethode. Für einen Einzelbau wäre sie unerschwinglich teuer (Foto Roberts)

3.2-7 Die halbfertige Sandwich-Rumpfschale (Foto Roberts)

Bei der zur Illustration verwendeten ROBERTS 36 handelt es sich um eine der populärsten Kielyacht-Fahrtensegler-Konstruktionen des auf Selbstbau spezialisierten Amerikaners Bruce Roberts (Abb. 3.2–8).
Das Konzept mit dem Langkiel ist ausgesprochen traditionell und kaum für höhere Segelleistungen geeignet. Das raumbringende Backdeck wirkt nicht gerade elegant, erhöht aber erheblich den Stabilitätsumfang (wenn auch nicht ganz so stark, wie ein vergleichbares Waldeck).
Da diese Konstruktion z. B. auch für Stahl und Holz zu haben ist, braucht der Nordeuropäer nicht die für unsere Breiten ungeeignete „kalifornische" Kunststoff-Bauweise anzuwenden (wie sie hier zur Illustration benutzt wurde).

3.2-8 Die ROBERTS 36 gibt es auch in anderen Baumaterialien als in der demonstrierten „kalifornischen" Kunststoffbauweise (Fotos Roberts)

3.3 Holz, gut aber teuer

Holz ist das klassische Material des Yachtbaus überhaupt. Es ist fast unübertroffen in seiner Relation von Gewicht zur Längsfestigkeit und in äußerstem Maße unempfindlich gegen hohe Wechselbeanspruchungen. Diese Eigenschaften sind sehr wertvoll, wenn man eine wirklich leichte Yacht bei gleichzeitig hoher Dauerfestigkeit und langer Lebensdauer wünscht. Dieses gilt für hochbeanspruchte Rennyachten genauso wie für ein optimales Trailerboot.

Der technische Nachteil des Holzes liegt, wie bei den Kunststoff-Laminaten, in seiner ungleich geringeren Festigkeit quer zur Faserrichtung. Das zwang beim Yachtbau traditioneller Art, die längslaufenden Planken durch eng sitzende Spanten und Bodenwrangen zu einem einigermaßen gleichmäßig festen Gesamtverband des Rumpfes zu gestalten.

Die Verbindung mußte durch Querverankerungen in Form von Nieten und Schrauben erfolgen, da das Holz quer zur Faser ja nur ca. den 16ten Teil der Festigkeit längs zur Faser aufweist.

Als dann der noch heute übliche kochfeste Resorzinharz-Leim neue Bautechniken ermöglichte, wurde das bisherige Querspantsystem einfach mit den Planken verleimt statt verschraubt oder vernietet. Der „Erfolg" lag in abplatzenden Außenhäuten, da die Verbindungsflächen für die auftretenden Quellkräfte einfach zu klein waren. Sperrholz als aufgeleimte Außenhautfläche war dagegen problemlos, weil die Quellkräfte in den abgesperrten Furnierlagen aufgefangen werden. Sperrholz-Knickspanter können deswegen mit relativ wenigen Innenverbänden auskommen.

Leider hat Holz, ganz besonders aber hochwertiges Bootsbausperrholz, Preisdimensionen erreicht, die man beim Einzel-Einkauf kaum noch bezahlen kann.

Normales Sperrholz, ebenfalls kochfest AW 100-verleimt, kostet dagegen rund die Hälfte, – ist aber nur für Innenausbau und höchstens gestrichene Decks zu verantworten.

Dazu kommt das Problem, daß man für die Verleimung einer Planke eine

Unmenge von Schraubzwingen braucht (siehe auch Abb. 2.4–2). Das hat im Laufe der Zeit dazu geführt, daß Knickspanter aus Sperrholz als seefähige Yachten nur noch sehr selten gebaut werden, nicht zuletzt, weil die relativ hohen Materialkosten gar nicht so recht zu der billigen Knickspant-Bauweise passen.
Insofern ist es gar nicht erstaunlich, daß Holzidealisten heute wieder hölzerne Rundspantyachten für höhere Ansprüche bauen. Überwiegend wird dafür die Längsspant-Diagonalbauweise verwendet, die ein Arbeiten des einzelnen Selbstbauers ohne jede Fremdhilfe erlaubt.
Diese moderne und hochwertige Voll-Leimbauweise ist für sehr qualitätsbewußte Holzliebhaber unter den Selbstbauern durchaus zu verantworten, da es eigentlich keine gleichwertige Alternative gibt. Die einzige moderne Holzbauweise, die zwar qualitativ noch etwas besser ist, eignet sich nicht für den Selbstbau. Es ist die aus einzelnen Furnierlagen formverleimte Rumpfschale.

Im Prinzip ergibt die Längsspant-Diagonalbauweise einen aus drei Schichten formverleimten Rumpf, bei dem die Längsspanten als integrierte Verbände einen Teil des Festigkeits-Verbandes bilden.
Es müssen nach einem 1:1-Spantenriß sogenannte Mallspanten gebaut werden, die aus billigem Fichtenholz bestehen, und außerdem später an einen weiteren Selbstbauer gegen Kostenbeteiligung weitergegeben werden können.
Da ein späteres Umdrehen der meistens in der Größenordnung zwischen 7 und 9 m Länge liegenden Rümpfe, wegen des geringen Gewichtes, kein besonderes Problem darstellt, wird „Kiel-oben“ gebaut.
Der Helgenunterbau, auf dem die Mall-Spanten aufgestellt werden, ist eine denkbar einfache Balkenunterlage (Abb. 3.3–1).
Kiel, Längsspanten und Deckstringer werden mittels kleiner Lugs-Winkel losnehmbar mit den Mallspanten von innen befestigt, nachdem dieselben vorher sorgfältig ausgerichtet und diagonal abgestützt worden sind (Abb. 3.3–2).
Der formverleimt vorgefertigte Spiegel wird, ebenso wie die Mallspanten, aufgestellt, mit den Längsverbänden jedoch fest verbunden. Ein Durch-

3.3-1 Auf einem einfachen Balkenhelgen werden die vorgefertigten Mallspanten aufgestellt und darauf dann Kiel, Längsspanten und Stringer losnehmbar befestigt. – Der aus zwei Schichten Sperrholz formverleimte Spiegel (Abb. rechts) wird wie ein Mallspant aufgestellt, und die Längsverbände werden fest damit verbunden; als Anschauungsbeispiel dient die 7,55 m-OMEGA des HD-Systems (Fotos Seidl)

3.3-2 Die Mallspanten werden (Abb. oben) nach dem Aufstellen sorgfältig mit der Wasserwaage ausgerichtet und diagonal abgestützt. – Ein interessanter Blick von unten in einen schon beplankten Rumpf mit dem Mallspant-System (Fotos Friedrich) ▷

schlichten der Längsspanten ist kaum notwendig; eigentlich müssen nur die Einlaßstellen in Spiegel und Steven nachgehobelt werden.

Bei dem dann folgenden Aufleimen der ca. 80–150 mm breiten Diagonalplanken aus Sperrholz wird um jeweils ca. eine halbe Plankenbreite überlappt. Mindestens zwei, meistens drei Lagen Diagonalplanken werden entweder abwechselnd mit Schraubzwingen versetzt angeleimt, oder aber je eine ganze Lage Diagonalplanken durch Klammern zum Leimen angepreßt (Abb. 3.3–3).

Das Klammern mit den Niro-Klammern eines entsprechenden Preßluftge-

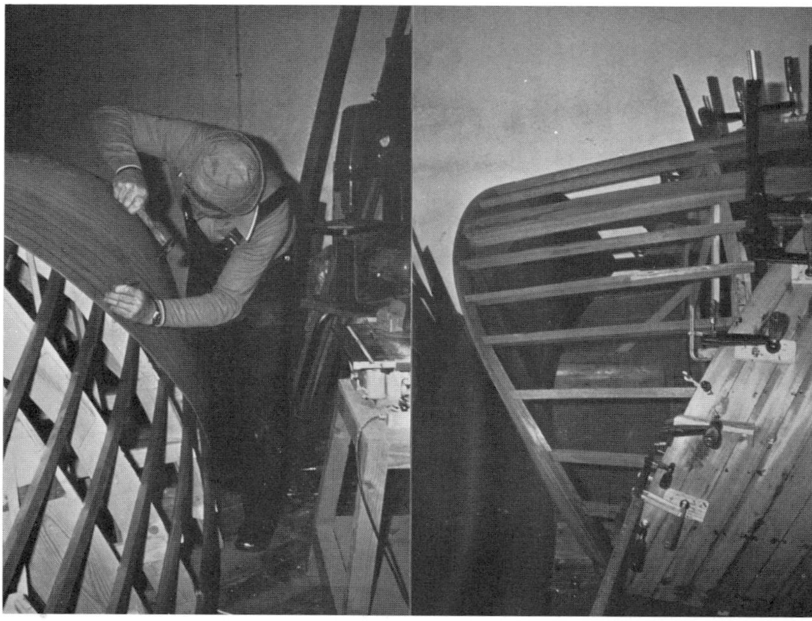

3.3-3 Man kann entweder eine ganze Lage der diagonal verlegten Sperrholzstreifen mit Hilfe von Niro-Klammern auf das Längsspant-System leimen (links), oder aber gleich zwei bis drei Lagen Sperrholzstreifen versetzt und Planke auf Planke nacheinander nur mit Schraubzwingen zum Verleimen anpressen (Fotos Friedrich)

rätes hat dabei durchaus den Vorteil schnelleren Arbeitens bei noch vertretbarer Erschütterung. Man kann auch mit kleinen Schrauben für den Anpreßdruck beim Leimen sorgen. Nageln ist wegen der damit verbundenen starken Erschütterung nicht vertretbar. Der zu verwendende braune Resorzinharzleim ist zwar schon nach ca. 8 Stunden (bei 20° C) soweit ausgehärtet, daß die Zwingen von den vorgespannten Sperrholzstreifen genommen werden können, – er erreicht jedoch die volle Festigkeit erst nach ca. 7 Tagen. Starke Erschütterungen innerhalb dieser Nachhärtezeit sind also mindestens ein Qualitäts-Risiko für die Verleimung.

Wenn man mit Klammern oder Anpreß-Verschraubungen arbeitet, kann man auch auf die Verwendung des teuren Bootsbausperrholzes verzichten und sich auf der Mehrblatt-Kreissäge verleimungsfertige Streifen aus massivem Sipo oder Khaya sägen lassen.

Diese massiven Streifen können, sägebedingt, meistens nur 80–100 mm breit sein und sind in Dicken unter 6 mm schlecht herstellbar. Man spart damit beträchtlich an Materialkosten, muß dann aber Kreuz-diagonal verleimen.

Das wird wieder deswegen notwendig, weil die geringe Festigkeit von Massivholz quer zur Faser praktisch durch eine kreuzweise Absperrung kompensiert werden muß.

In dieser massiven Kreuz-diagonal-Bauweise entstanden schon Qualitätsyachten beträchtlicher Größe und auch vertretbarer Kosten. Das Kriterium ist in jedem Fall die Verleimung, – sowohl in bezug auf die Kosten als auch auf die Lebenserwartung.

Holz mit hoher natürlicher Dauerhaftigkeit hat in Form von Yachtrümpfen, normale Anstriche und Pflege vorausgesetzt, eine *Lebenserwartung von 50 und mehr Jahren.* Die der Verleimung scheint zur Zeit mit ca. 30 Jahren Lebenserwartung gesichert, – ältere vollverleimte Schiffe gibt es wohl noch nicht.

Auf jeden Fall ist ein vollverleimtes Holzschiff etwas Edles. Durch sauberes Abputzen mit Handhobel und Schleifen mit Sandpapier können spiegelbank-beulenfreie Oberflächen erzielt werden (Abb. 3.3–4).

3.3-4 Durch sauberes Abputzen mit Handhobel und Schleifen mit Sandpapier können erstklassige Oberflächen erzielt werden (Fotos Seidl/Friedrich)

Das Abputzen erfolgt zweckmäßigerweise gleich auf dem Helgen. Auch die Grundanstriche sollten schon in dieser Lage aufgebracht werden. Erst dann sollten die Verbindungen der Mallspanten zum Helgen gelöst und der Bootsrumpf umgedreht werden. Das erfolgt bei Schiffsgrößen bis ca. 9 m meistens ohne Kran, sondern mit Hilfe einer aktivierten Nachbarschaft (Abb. 3.3–5).

Das Ausbauen des fertigen Holzrumpfes erfolgt dann im Prinzip in ähnlicher Weise, wie schon unter 2.4 „Ausbaubeispiele: Holzrümpfe" demonstriert. Querschotte können dabei mit Lugswinkeln an den einzelnen Längsspanten befestigt werden.

3.3-5 Nach dem Abputzen der Außenhaut und dem Aufbringen der Grundanstriche erfolgt das Abnehmen und Umdrehen mit Nachbarschaftshilfe (hier ausnahmsweise am Rumpf der 9,20 m DESTY-C demonstriert) (Fotos Zientek)

Das Deck wird bei einem Holzrumpf praktisch immer im gleichen Material ausgeführt. Im Falle der zur Demonstration verwendeten OMEGA wird meistens die leichte und raumbietende Waldeck-Version verwendet.
Diese einfach zu bauende Decksversion aus Sperrholz spart Kosten und Arbeitsstunden und bietet auch noch erhöhte Kentersicherheit.
Größere Holzyachten, wie zum Beispiel auch die DESTY-C, haben meistens konventionelle Aufbauten und ein edles, wenn auch teures, Teak-Stabdeck. (siehe auch Abb. 2.3–1 und 2). Während diese edlen Versionen auf Metallrümpfen nicht unbedingt zu empfehlen sind, weil jede Kombibauweise an den Verbindungsstellen leckempfindlich ist, gibt es bei Holzrümpfen kaum ein Argument dagegen.
Die heute gebräuchliche Bauweise, erst eine 6mm-Sperrholzlage auf die Balken zu leimen und zu schrauben und darauf die Deckplanken zu leimen, vermindert die Leckagemöglichkeiten beträchtlich.

Die Holzbauweise in der beschriebenen gebräuchlichsten Form ist etwas für Idealisten mit hohen Ansprüchen, die nicht so sehr auf den Aufwand sehen, sondern das Außergewöhnliche wollen.
Für den Rumpf der hier hauptsächlich gezeigten *7,55-m-OMEGA sind ca. 700 Arbeitsstunden* als realistisch anzusetzen, wobei der notwendige Satz Mallspanten für nur einen Rumpf vorausgesetzt ist. (Zu den Rumpfbau-Kosten siehe auch unter 3.7 „Vergleiche!").

3.4 Ferrozement mit Schwierigkeiten

Außer der beschriebenen Längsspant-Diagonal-Bauweise in Holz und den selbstbauproblematischen Kunststoff-Bauweisen ist Ferrozement das einzige Baumaterial, das die Rundspantbauweise direkt voraussetzt. Diese enorm schwere Baumethode wäre in der Knickspantbauweise so wenig beulsteif und empfindlich, daß Verstärkungen notwendig würden, die keinen realistischen Yachtbau mehr zulassen würden.
Entgegen enthusiastischen Berichten von Ferrozementyacht-Eignern, die mit ihren „Panzerkreuzern" einen Felsen nach dem anderen rammen (was nicht gerade für ihre seemännischen Leistungen spricht) und anschließend mit einer Kelle voll Zementgemisch alles wieder in Ordnung bringen, werden Yachtbau-Fachleute immer skeptischer gegenüber diesem Baumaterial.
Ähnlich wie beim Selbstbau mit Kunststoff ist für einen erfolgreichen Ferrozement-Bau die fachlich richtige Konstruktion und sorgfältige Bauweise absolute Voraussetzung dafür, einen Mißerfolg zu vermeiden.
Immerhin handelt es sich hier ebenfalls um ein inhomogenes Baumaterial, das Verarbeitungsfehler äußerlich nicht unbedingt anzeigt, sondern eindringendes Wasser in Haarrissen erst einmal schluckt. Wie bei schlechten Kunststoff-Qualitäten, wird eingedrungenes Wasser erst in Frostperioden zum Fiasko. Immer wieder muß man daran denken, daß Ferrozementbauweisen im sonnigen Italien und unter den klimatisch idealen und frostfreien Bedingungen Australiens entstanden. Auflösungen des Verbandes durch Erosion sind dort also weitgehend unbekannt.

Trotzdem hört man auch aus Australien und Neuseeland viel Beunruhigendes über die Lebenserwartung von Ferrozementyachten.
Das liegt zweifellos mit an Dimensionierungs- und Baufehlern. Der Unterschied zu anderen Materialien liegt jedoch in den Fehlermöglichkeiten dieser inhomogenen Baustoff-Kombination aus minderwertigem Stahl und hochwertigem Zementgemisch.
Mischungsverhältnis, Arbeitsfortschritt beim Putzen und die richtige Dosis Wärme und Befeuchtung beim Abbinden verlangen nach Spezialisten vom „Bau". Laien haben enorm viel Chancen, etwas verkehrt zu machen.
Ein anderer Minuspunkt der Ferrozement-Bauweise liegt in ihrer relativen Umständlichkeit. Immerhin muß ein Rundspantriß verwirklicht werden. Wenn keine 1:1-Schablonen für den Spantenriß vorliegen, wird das zeitraubend. Papierschablonen laienhafter Art reichen hier aus, um zu helfen. Da es sich sowieso um keine präzise Bauweise handelt, spielt das unvermeidliche Verziehen dieser Schnittmusterbogen laienhafter Baupläne auch keine Rolle mehr. Das Gerippe aus Moniereisen und Kükendraht ist sowieso keine Basis für exakten, fachgerechten Yachtbau, sondern mehr etwas für Fummler und Bastler (Abb. 3.4–1).
Ich persönlich halte recht wenig von dieser Yachtbau-Weise, die am verkehrten Ende, nämlich am Baumaterial, spart. Rechnet man übrigens die Stunden der unvermeidlichen Putzkolonne zu den Materialkosten, wird der Materialkosten-Anteil erheblich höher und wenig verlockend.
Die Reparaturfreundlichkeit von Ferrozement ist umstritten. Während die einen einfach über Dellen und Brüche Zementgemisch kleistern, warnen andere davor. Der Beton müsse vorerst sorgfältig aus dem Kükendraht geklopft werden, bevor neu zementiert wird, – wobei mir schleierhaft bleibt, wie ausgehärteter Beton ohne weit in die Nachbarschaft reichende Haarrisse entfernt werden und mit neuem Gemisch zu homogener Verbindung gebracht werden kann. Solche Probleme sieht man einem frisch verputzten Ferrozement-Rumpf nicht an (Abb. 3.4–2), sie sind jedoch für den Fachmann existent.
Auch von Konstrukteuren der wenigen existierenden Ferrozementyachten, wird das Problem des Gewichtes durch die Dimensionierung in der Selbstbaupraxis durchaus zugegeben.

3.4-2 Fertig verputzter Ferrozement-Rumpf (Foto Hoffmann)

◁ *3.4-1 Ferrozement-Unterbau aus Moniereisen und Kükendraht (Foto Hoffmann)*

So nimmt auch Horst Stichnoth, der als erfahrener Konstrukteur von Ferrozement-Yachten noch das entsprechende Kapitel in meinem Buch ‚Yachtbau' bearbeitet und geschrieben hatte, nun Abstand von weiteren Konstruktionen in diesem Baumaterial. Seine Begründung: „Die Gewichte sind nur bei sorgfältigst gebauten Yachten unter Kontrolle zu bringen. Sorgfältigste Bauweise bedeutet einen *sehr hohen Stundenaufwand*, fast gleichzusetzen mit konventioneller Holzbauweise. Dieser Aufwand ist Selbstbauern nicht zuzumuten."
Auch dieser Konstrukteur hat sich nun entschlossen, Selbstbauern nur noch Pläne für Metall- oder Sperrholz-Knickspantbauweise, für Diagonal-Leimbauweise und für GFK-Bauweisen zur Verfügung zu stellen.
Wenn man bedenkt, daß man mit minimalem Mehraufwand an Materialkosten einen zeitgemäßen und auch auf Dauer problemlosen Stahlbau mit ca. halbem Zeitaufwand verwirklichen kann, wundert es den Yachtbau-Fachmann nicht, daß Ferrozement aus der Selbstbaupraxis Nordeuropas verschwindet.

3.5 Stahl, zuverlässig und preiswert

Stahl hat als Material für den Yachtbau lange Jahrzehnte eine total unterbewertete Rolle gespielt. Das lag zweifellos mit an der Angst vor diesem harten Material, die noch Großvaters Generation haben mußte. In den alten Zeiten, in denen metallverarbeitende Berufe eine kleine Minderheit stellten und der Zimmermann und Bootsbauer das Denken in Richtung Holz bestimmte, war das nur natürlich.
Heute haben wir im hochtechnisierten Nordeuropa viele Millionen Metallfachleute mit guter fachlicher Ausbildung, für die der Bau in Stahl (und auch schon Alu) etwas Selbstverständliches geworden ist.
Das zweite Hemmnis, das den Stahl-Yachtbau lange Zeit auf Sparflamme hielt, war der bisherige vollkommen unzureichende Oberflächenschutz gegen Korrosion.
Erst mit der Verbreitung wirklich zuverlässiger Konservierungs-Anstriche in Verbindung mit einer Oberflächenentzunderung durch Sandstrahlen wurde der Weg für einen hochwertigen Stahl-Yachtbau frei.

Die Erkenntnis dieser Tatsachen hat sich erst in den letzten Jahren so richtig ausgeweitet, nachdem das Hochjubeln des Kunststoff-Yachtbaus auch zu einer Unzahl von äußerst minderwertigen „Eierschalen"-Schiffen geführt hat, die für die ernsthafte Seesegelei untragbar geworden sind.

Da der kommerzielle Stahlbau auf technisch traditioneller Basis mit vollverformten Rundspantyachten zum größten Teil in einer kaum behebbaren Kostenmisere steckt, hat vor allem der ernsthafte Selbstbauer den Stahl so richtig entdeckt.
Um es gleich vorweg zu sagen: Der Bau von Metall-Rundspant-Yachten im Selbstbau ist unrealistisch! Selbst wenn noch hin und wieder ein paar „Helden der Arbeit" nicht davor zurückschrecken, Hunderte von Stunden auf Außenhautplatten herumzuprügeln, um diese in die gewünschte Form zu zwingen. Ihre Nachbarn werden diese Heldentat kaum zu würdigen wissen!
Nachdem der kommerzielle Schiffbau mit geräuscharmen Kraftformern arbeitet, ist die Umweltbelästigung durch Plattentreiben auch wirklich nicht mehr vertretbar.
Abgesehen davon sollte sich herumgesprochen haben, daß verformungsfreie Metall-Bauweisen praktisch keine Nachteile gegenüber den rundspantigen Vorgängern haben; richtig konstruierte Doppelknickspanter können sogar konventionelle Rundspanter sowohl in Segelleistungen als auch in angenehmem Seeverhalten erheblich übertreffen.
Wie bei jeder technischen Neuentwicklung, so ist auch die selbstbaugerechte Konstruktion von Metallyachten anfänglich manchen Irrweg gegangen. Der Hauptirrtum lag darin, konventionelle Rundspanter auf Multi-Knickspanter umzufixen, um so wenig wie möglich vom Rundspant-Vorbild abzuweichen.

Mir kam während monatelanger intensiver Arbeit an Schleppmodellen schneller Segelyachten mit den unübertrefflichen physikalischen Vorteilen des Trapez-Spanters die entscheidende Erkenntnis: Diese Grundlinie bot sich geradezu an, mit kleinen Modifikationen daraus den Doppel-

knickspanter zu entwickeln, wie er heute mehr und mehr kopiert wird. Selbst Fachleute hatten anfangs übersehen, daß ja ein platter Boden bei ca. 20° Lage am Wind ein sanft und weich einsetzender V-Spanter ist, während jeder Rundspanter mit V-Tendenz im Vorschiff unter den gleichen Bedingungen zum härtereinsetzenden Plattboden wird (Abb. 3.5–1). Ganz entscheidend für den enorm vereinfachten Selbstbau ist jedoch die waagerechte Basis dieses Plattbodens, für den ein Helgen allereinfachster Art ausreicht (Abb. 3.5–2).
Im Gegensatz dazu werden teilweise Helgen-Konstruktionen empfohlen, die an Umständlichkeit kaum zu überbieten sind. Da bei der Notlösung des Multiknickspanters oft der V-Boden beibehalten wird, ist ein Bodenhelgen einfacher Bauart nicht möglich. So entstehen für den Selbstbau Helgenkonstruktionen als ganze Hallengerüste teurer Holzbalken mit Betonfundamenten (Abb. 3.5–3). An diese sich zweifellos verwerfenden Balkenlagen werden dann die vorgefertigten Spantrahmen angehängt, ähnlich wie das in uralter Zeit mittels eines Esels im Holzbootsbau praktiziert wurde. Selbstbauer, die mit solchen fachfremden Angaben konfrontiert werden, tun gut daran, sie zu mißachten, wenn sie einigermaßen rentabel arbeiten wollen. Sie müssen, um vielen Umständen aus dem Wege zu gehen, die Überkopf-Baumethode wählen und einen teuren Kran anheuern, der ihnen später den fertigen Rumpf für den Ausbau auf den Kiel stellt.

Weitere unzweckmäßige Baupraktiken konventioneller Metall-Knickspanter sind die Verwendung von Rundmaterial als Knickverstärkung und die Verwendung von Längsspanten.
Die fachgerechte Eckverschweißung mit Kapplage innen und der vor dem Schweißen aufgeschliffenen V-Naht außen ist nicht nur über jeden Zweifel erhaben, sondern erfordert genau halb so viel Schweißgut und entsprechend weniger Schweißspannungen. Ein Knick ist in sich die stärkste Stelle in bezug auf die örtliche Festigkeit eines Metallrumpfes. Ein Rundprofil in solchen Knicken ist, genauso wie Längsspanten, vorprogrammierte Korrosion, weil sich in den entstehenden Ecken Dreck und Kondenswasser festsetzt.

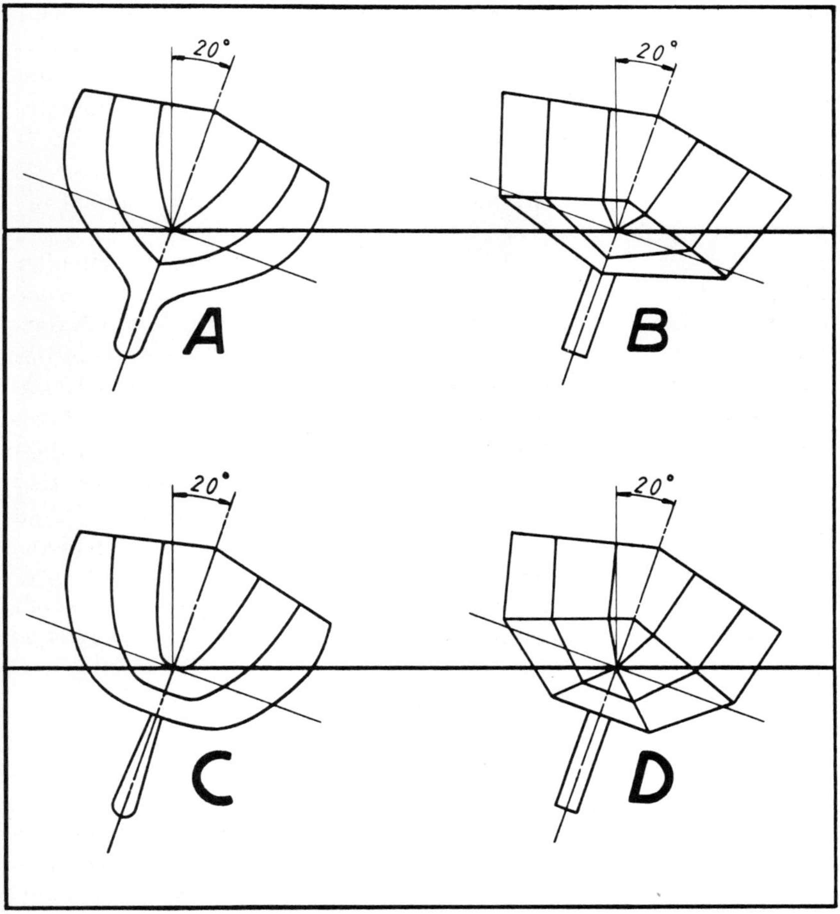

3.5-1 A = Konventioneller Rundspanter; B = altmodischer V-Boden-Knickspanter; C = Rundspanter mit moderner Trapez-Tendenz; D = daraus entwickelter Doppelknickspanter. – Entscheidend für das weiche Einsetzen eines Vorschiffes ist die Unterwasser-Spantform bei Lage am Wind. Der moderne Doppelknickspanter ist darin jeder anderen Spantform überlegen.

3.5-2 Für die waagerechte Basis eines modernen Doppelknickspanters reicht ein Helgen allereinfachster Bauart (hier eine 10 m-TARANGA) (Foto Balkow)

3.5-3 Ein nicht zu empfehlendes Helgensystem (Fotos Aichele) ▷

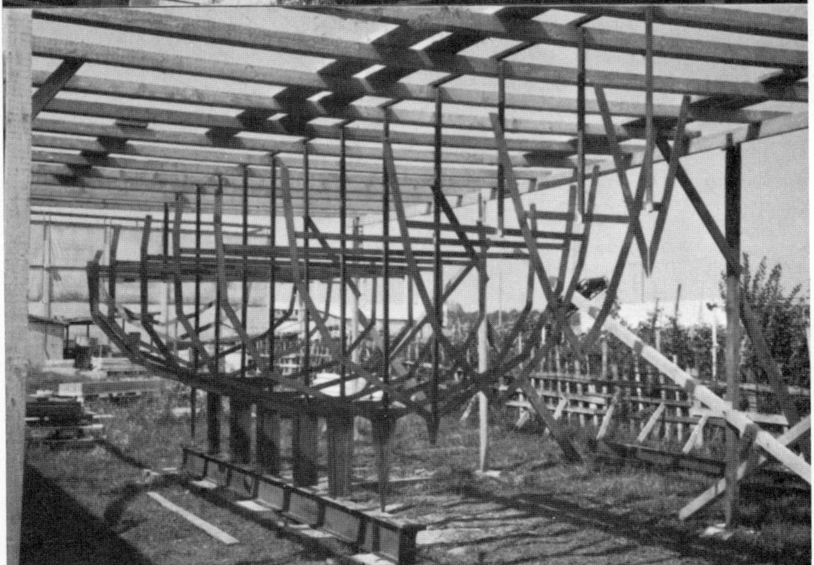

Ebensowenig zieht das vielgebrauchte Argument zugunsten von Flacheisen als Spantmaterial, daß Nachkonservierungen dadurch einfacher sind, kaum. Abgesehen von der Tatsache, daß fachgerecht dauerkonservierte Metallrümpfe fast niemals nachkonserviert werden, muß ein Flacheisen-Spantsystem mehr als doppelt so schwer sein, um die gleiche Festigkeit aufzuweisen, wie ein fachgerechtes Spantsystem mit abliegenden Flanschen. Trotzdem werden viele Yachten mit solchen konstruktiv unzweckmäßigen Details gebaut. Solange es Konstruktionen sind, die ein Spantsystem besitzen, das allen Langzeitbeanspruchungen einer seegehenden Yacht gerecht wird, liegt der Nachteil hauptsächlich im Gewicht, den Kosten und dem Stundenverbrauch, also im Aufwand (Abb. 3.5–4).
Ganz eindeutig gewarnt sei hier vor Billig-Konstruktionen mit stark reduziertem Spantsystem. Solche „Blechtrommeln" sind etwas für Binnenreviere ohne harte Dauerbeanspruchung durch schwere See.

Doppelknickspanter, wie ich sie in vielen Jahren der Zusammenarbeit mit Hunderten von Selbstbauern im Rahmen des HD-Systems entwickelte, sind so einfach zu bauen, wie das ohne Schaden für Fahrtleistungen und Sicherheit vertretbar ist. Das ist, in wenigen Worten, das Grundprinzip dieses ganz speziell für den *rentablen* Yacht-Selbstbau erarbeiteten Bausystems, das sich nun stark ausbreitet.
Grundlage sind Konstruktionen, die aus hunderten von Tanktesten mit Hochleistungs-Segelyachten der Weltelite abgeleitet und auf einfachste und rentabelste Bauweisen umgestellt wurden. Die Ausarbeitung der detaillierten Selbstbaupläne geht weit über das bisher bekannte Maß hinaus.
Die Zehntel-Toleranzen eines Lagers fehlen darin genausowenig, wie der bis ins Detail festgelegte Ruderquadrant, jedes Rüsteisen, kurzum praktisch jedes Bauteil, das nicht fertig gekauft wird.
Zu kaufende Bauteile sind aber ebenso festgelegt. Das notwendige Zahn-

3.5-4 Ein Blick auf das Flacheisen-Spantsystem einer ROBERTS 53 (oben). Eine gute Selbstbauidee: die verschließbare Einstiegsöffnung in der Außenhaut (unten) ▷

ritzel für eine Seil-Radsteuerung mit Bestellnummer, und die dazugehörende Rollenkette genauso, wie die Dimensionierung des kompletten Riggs und die spezifizierte Festlegung der technischen Ausstattung wie Segel mit festgelegten Liekmaßen und Tuchstärken, die Rollen und die Winde für einen Hubkiel und vieles andere mehr.
Ziel sind nämlich Typyachten mit einem Wert, wie er für Selbstbauten bisher unbekannt war. Das jedoch geht nur über fachgerecht typisierte Einheitlichkeit! Und das alles mit dem niedrigstmöglichen Aufwand. Metall-Yachten, vor allem in Stahl, sind dafür wie geschaffen, wenn die Bauweise stimmt. Gebaut wird grundsätzlich im Querspantsystem, mit vorgefertigten Rahmenspanten aus Winkelprofilen an jedem zweiten Spant. Dazwischen werden, nach dem Beplatten, kleine Beulsteifen gesetzt. Diese Kombination erspart zu viele Spantrahmen (die millimetergenau passen müssen) und ergibt trotzdem die notwendige örtliche Festigkeit. *So entsteht z. B. die 10 m-TARANGA:*
Die *Spantrahmen* werden auf dem 1:1 Spantenriß nach genau gegebenen Aufmaßen der Knickpunkte mit wenig Aufwand gebaut.
Das *Aufstellen* erfolgt auf einem einfachen Bodenhelgen, ohne Abstützungen nach oben oder zur Seite (Abb. 3.5–5). (Der Kiel wird als Bauteil separat gefertigt und später unter den fertigen Rumpf geschweißt.) Auf den Helgen wird die nach genau gegebenen Aufmaßen ausgeschnittene Bodenplatte leicht angeheftet, bevor die Spantrahmen aufgeschweißt und ausgerichtet werden.
Das *Beplatten* ist für die meisten Selbstbauer der einfachste Vorgang mit dem schnellsten Arbeitsfortschritt, weil die Platten praktisch kaum eine Verdrehung und gar keine zweiseitige Verformung haben (Abb. 3.5–6). Es wird außerdem ohne jede Abwicklung gearbeitet, die wieder eine Fehlerquelle wäre. Es wird „schabloniert", eine alte und idiotensichere Schiffbau-Methode, die noch gezeigt wird.

Hat sich der Selbstbauer zur Ganzstahl-Bauweise entschlossen, kann er schon bei Yachten ab ca. 9–10 m Länge das Schiff nach außen provisorisch schließen, von innen sandstrahlen, konservieren, isolieren und dann in Ruhe ausbauen. Das kann, mit einer kleinen Heizung an Bord,

3.5-5 Das Aufstellen der TARANGA-Spantrahmen erfolgt auf einem Bodenhelgen, der sehr einfach sein kann (s. auch Abb. 3.5-2) (Foto Jaresch & Wegener)

durchaus im Winter erfolgen. In einem 10-m-Schiff wie der TARANGA ist schon reichlich Bewegungsfreiheit zum Ausbauen vorhanden (Abb. 3.5–7). Der Kiel, vorgefertigt und mit Altblei ausgegossen, kann ziemlich zuletzt unter das fertige Schiff geschweißt werden. Die Konstruktion ist so ausgelegt, daß vorbereitete Kniebleche mit den starken Bodenwrangen einen enorm festen Verband schaffen.

3.5-6 Das Beplatten eines Doppelknickspanters ist für die meisten Selbstbauer der einfachste Arbeitsvorgang (Fotos Preller)

Diese sehr abgekürzte Baufolge-Beschreibung zeigt nur den generellen Weg, eine HD-Typyacht, wie die 10 m-TARANGA zu bauen. Ganz ohne Frage gehört eine ganze Menge Tatkraft, Ausdauer und Zielstrebigkeit dazu, solch eine 10 m-Yacht, die höchsten Ansprüchen auch unter den härtesten Bedingungen, genügt, fachgerecht und rentabel zu bauen.

Es ist aber erst recht eine speziell dafür geschaffene Konstruktion und Bauweise, als solide und bewährte Grundlage, Voraussetzung für den Erfolg. Wenn dann noch weitere Hilfestellungen in Form eines ständigen Telefon-Beratungsdienstes, informierender Rundschreiben und technisch geprüfter Sammelbestellungen dazukommen, wird der Yacht-Selbstbau ein sehr realistisches Unternehmen.

3.5-7 In einer 10 m-Yacht ist schon reichlich Platz, um im Winter, bei provisorisch geschlossenen Öffnungen, in Ruhe auszubauen. Der Kiel wird ganz zuletzt untergesetzt (Fotos Maier)

Diese ungewöhnlich weitgehenden Hilfestellungen des HD-Systems erklären vielleicht den recht niedrig liegenden Durchschnitts-Aufwand von *ca. 1000 Arbeitsstunden für den Rumpf.* Mit *weiteren ca. 1300 Stunden* ist dann die *TARANGA* segelfertig. Diese über lange Jahre ermittelten Erfahrungswerte sind, wohlgemerkt, von Laien mit kleinster Werkzeug-Ausrüstung erzielt worden.
An Grundmaterial für den Ganzstahl-Rumpf wird, inklusive großzügiger 25% Verschnitt, ziemlich genau *3320 kg Stahl* gebraucht. Sie können sich anhand des jeweiligen Kilopreises für Stahl selbst ausrechnen, wie klein der Materialkosten-Aufwand für einen TARANGA-Rumpf absolut ist. In Relation zum Bauwert sind es *selten mehr als ca. 4%.*
Da komplette Riggs und gute Segelqualitäten durch die zum System gehörenden alljährlichen Sammelbestellungen oft über 30% günstiger sind, als vergleichbare Einzellieferungen, ermöglicht das die recht niedrigen *Gesamt-Selbstbaukosten*, die bei *ca. 31% des Bauwertes* liegen.
Das erklärt, zusammen mit dem niedrigen Aufwand an Arbeitsstunden, warum die klassische TARANGA zu Hunderten gebaut wird (Abb. 3.5–8).

Der Stahlbau ohne Hilfe anderer soll nun noch kurz am Beispiel der 14 m-HYDRA demonstriert werden:
Günther Bahr, quicklebendiger Bundeswehr-Pensionär erfüllt sich seinen Jugendtraum mit der *14 m-HYDRA*, die er für seine speziellen Zwecke modifiziert. Familie und Freunde unterstützen ihn zwar moralisch, – arbeiten darf er jedoch alleine. Daß das geht, wird hier anhand des Beplattungs-Vorgangs demonstriert.
Das Fertigen der Spantrahmen, das Aufstellen und Ausrichten ist sowieso mehr eine Sache der Geduld und Genauigkeit.
Will man auch alleine beplatten, was durchaus kein Einzelfall im HD-System ist, braucht man einige wenige selbstzuschaffende Vorrichtungen. Nach dem „Schablonieren", bei dem in eine billige 5-mm-Sperrholzplatte mit einem dünnen Drillbohrer Löcher an den Knickpunkten der Spantrahmen gebohrt werden (Abb. 3.5–9) wird die erste spezielle Vorrichtung gebraucht. Die Platte muß nämlich vom „Plattenlager", wo der Händler sie hingepackt, transportiert werden. Ein kleiner, dreirädriger Handwa-

3.5-8 Die grundsolide, seegehende Kielyacht TARANGA verbreitet sich als europäische Selbstbauklasse, nicht zuletzt wegen der niedrigen Gesamt-Selbstbaukosten

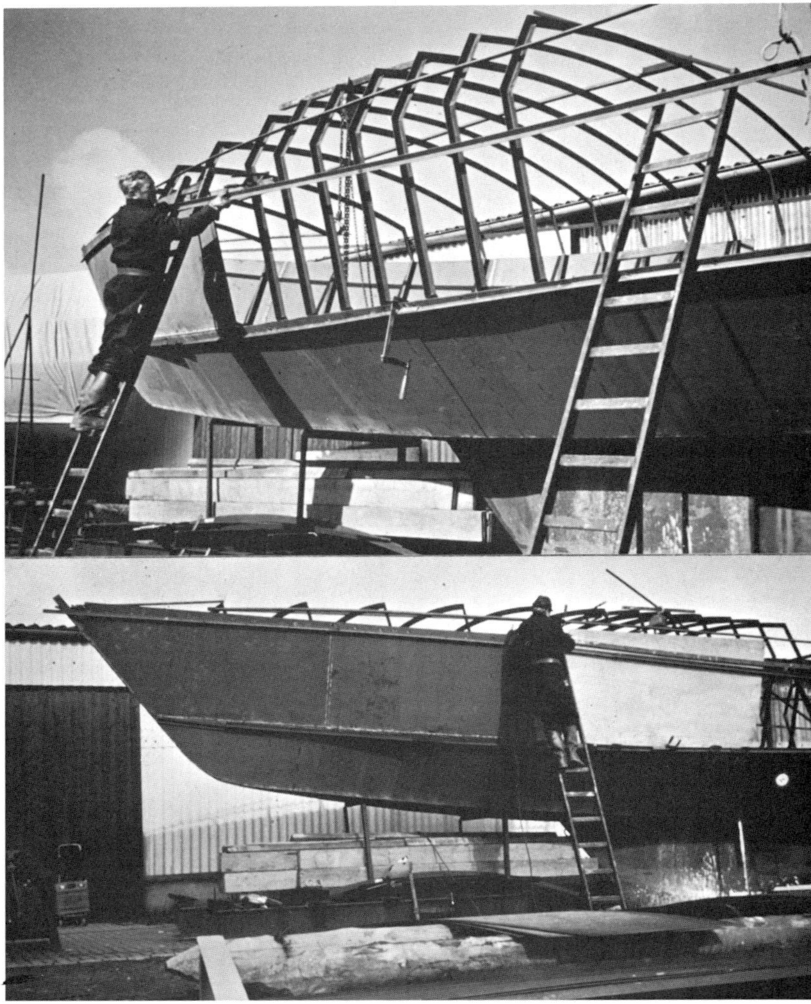

3.5-9 Das „Schablonieren" mittels einer ca. 5 mm dicken Sperrholzplatte, hinter einen Winkel geklemmt und an den Knickpunkten durchbohrt (Fotos Bahr)

3.5-10 Ein dreirädriger Handwagen mit vergrößerter Arbeitsplatte dient gleichzeitig zum Ankörnern, Anreißen und Ausschneiden (Fotos Bahr)

gen mit vergrößerter Auflage ist dafür ideal. Er dient gleichzeitig als Arbeitstisch zum Ankörnern durch die Schablonen-Bohrungen der Sperrholzplatte (Abb. 3.5–10).
Die Körnerpunkte werden dann mittels Straklatte verbunden, mit einer Reißnadel angerissen, und danach ausgeschnitten.
Das Ansetzen der fertigen Außenhautplatte erfolgt dann mittels Hubzug, der in ein kleines Auge eingehakt wird, das vorher auf die Platte geheftet wurde (Abb. 3.5–11). Für die Beplattung des Decks wird ein anderes Primitiv-Hilfsmittel verwendet: der „Oldenburger Kran", bestehend aus einem Dreibeinbock einfachster Bauart, mit eingehängtem Hubzug.
Diese kurze Beschreibung mit den dazugehörigen Illustrationen soll nur die Möglichkeit aufzeigen, die auch ein Einzelner beim Bau größerer Stahlyachten hat. Günther Bahr mit seiner HYDRA arbeitet durchaus eigene Ideen in seinen Bau mit ein, spricht diese mit dem Konstrukteur jedoch ab.
In bezug auf die fachgerechte Bauweise schließt er richtigerweise jedoch keine Kompromisse. Schon die wenigen gezeigten Bauzustandsfotos beweisen das. Im Foto Abb. 3.5–9 sieht man z. B. gut, daß die fachgerechte Schweißfolge eingehalten, also jede Platte sofort nach dem Anpassen in vorgeschriebener Folge yachtbaumäßig voll verschweißt wurde, damit sich keine Schweißspannungen addieren.
Ein so geschweißter Rumpf übertrifft die Arbeit normaler Schiffbauer in bezug auf Strak und Beulenfreiheit bei weitem und setzt neue Qualitätsmaßstäbe für den Yacht-Selbstbau (Abb. 3.5–12).
Der vollgeschlossene Stahlrumpf bleibt am besten auf seinem Helgen stehen, wird in der warmen Jahreszeit innen noch konserviert und isoliert und durch provisorisches oder endgültiges Dichtsetzen aller Öffnungen winterfest gemacht.
Was dann geschieht, bis ein fertiger Stahlselbstbau isoliert und ausgebaut ist, wurde schon kurz unter 2.6 „Ausbaubeispiele: Metallrümpfe" angedeutet:

Doppelknickspant-Motoryachten für den Selbstbau sind ebenfalls möglich. Da der gesamte Bauvorgang sich von dem der *segelnden* Doppel-

3.5-11 Das Anbringen der fertig zugeschnittenen Außenhautplatte mit einem Hubzug kann ebenfalls ein Mann allein bewältigen (links). – Für die Decksbeplattung erfüllt ein „Oldenburger Kran" seinen Zweck (Fotos Bahr)

knickspanter kaum unterscheidet, soll im folgenden nur kurz die Kosten- und Stundensituation verdeutlicht werden.
Hierfür wird die 14-m-Kielyacht HYDRA der auf 14,10 m modifizierten Doppelschrauben-Motoryacht TOURINA 135 gegenübergestellt. Deren kleine 10-m-Schwester TOURINA 100 muß sich in dieser Beziehung mit der vorgestellten 10-m-Kielyacht TARANGA vergleichen lassen:
Mit den *Rumpfbaukosten von 3–4%* des Bauwertes liegen die HD-Motoryachten nicht schlechter, als die 14-m-Doppelschrauben-Kielyacht HY-

3.5-12 Dieses Bauzustandsfoto des fertigen HYDRA-Rumpfes eines Hamburger Selbstbauers zeigt das Ergebnis einer fachgerechten Yachtbauweise, die sich von der normalen „Schiffbau"-Methode vor allem durch die spezielle Schweißfolge unterscheidet, die Verbeulungen durch sich addierende Schweißspannungen weitgehend vermeidet.

DRA (Abb. 3.5–13). Während eine *HYDRA jedoch fahrfertig ca. 32% des Bauwertes* an Gesamt-Selbstbaukosten erfordert, sind die beiden Motoryachten nicht unter *35–37% des Bauwertes* an Gesamt-Baukosten selbst zu bauen. *Rund 1400 Rumpfbau-Stunden bei der HYDRA* stehen *ca. 1800 Rumpfbau-Stunden* der ungefähr gleich großen *TOURINA 135* gegenüber, während der *Ausbau-Aufwand mit ca. 1900 Arbeitsstunden* bei beiden gleich hoch liegt.
Auch in der 10-m-Größenordnung liegt die *TOURINA 100 mit ca. 35% Gesamt-Selbstbaukosten* etwas höher, als die vergleichbare 10-m-Kielyacht TARANGA mit nur ca. 31% des Bauwertes. Der Rumpfbau-Aufwand von ca. 1000 Arbeitsstunden liegt dagegen mit der TARANGA gleich.

3.5-13 Doppelknickspanter als Motoryachten sind in den Rumpfkosten nicht teurer als vergleichbare Segelyachten. Hohe Motorenkosten und die Energiekrise führen zu kleineren Yachten um 10 m, die mit sparsamen Pkw-Dieseln auskommen. Die 13,5 m TOURINA 135 (oben); die kleine Schwester TOURINA 100 (unten) (Foto Kolmioasennus)

Auf jeden Fall ist es Tatsache, daß nur knapp 5% der HD-Selbstbauer eine reine Motoryacht bauen.

Der Motorsegler wird immer attraktiver! Als ich Anfang der 70er Jahre speziell für unser Nordsee-Wattengebiet den 9,30-m-Hubkieler SECURA konstruierte, hatte ich einen Stein ins Rollen gebracht. Ich nannte diesen knuffigen Waldecker „Motorsegler" und verpaßte ihm einen 4-Zylinder-PkW-Diesel. Nachdem sich dann nicht mehr verleugnen ließ, daß es sich um einen schnellen Segler handelte, verbreitete sich dieser Urtyp sogar im Ostseegebiet bis nach Finnland (Abb. 3.5–14).
Dieser kentersichere, seefähige Hubkieler machte wegen seiner Vielseitigkeit Schule. Es entstand daraus die 11,20-m-SUPER-SECURA, mit dem gleichen Linienstamm. Damit waren Reisen auch nach Island und den Faröern problemlos möglich. Das gleiche Schiff kann aber auf dem Watt stehend trockenfallen, genau wie seine kleine Schwester SECURA und hat, wie diese, mit eingezogenem Hubkiel nur 90 cm Tiefgang.
Kein Wunder, daß auch diese größere SECURA-Version im Nordseegebiet schnell Verbreitung fand. Die erfahrenen Küstenschipper hatten schnell erkannt, daß diese ungewöhnlich sicheren und robusten Waldekker mit dem variablen Tiefgang genau das Richtige für ihr Revier sind. Aber auch Südsee-Aspiranten und Langtörn-Segler stiegen auf diesen seenotkreuzer-ähnlichen Typ um, nach dem auch Kimmkiel- und Flachkiel-Versionen davon geschaffen worden waren.
Mit entscheidend für diese Verbreitung ist gewiß die einfache Bauweise, die keinen umständlichen Helgen, keine Halle und keine hohen Materialkosten kennt. Die 11,20-m-SUPER-SECURA traf zudem eine Größenordnung, die sich ideal dazu eignet, im Winter in Ruhe ausgebaut zu werden. So entstehen diese geräumigen Waldecker meistens als Spantrahmen und Details in einem Winter im Keller. Im nächsten Frühjahr stehen draußen die Spanten (Abb. 3.5–15), und im Herbst des gleichen Jahres ist der Rumpf dicht zum Ausbau über Winter (Abb. 3.5–16), innen schon konserviert und isoliert und außen schon alle Decksbeschläge befestigt. Nach dem Innenausbau im Winter wird dann im allgemeinen im Frühjahr gesandstrahlt und der gesamte 2-Komponenten-Farbaufbau in wenigen

3.5-14 Der urige „Motorsegler" SECURA läuft vielen reinen Seglern seiner Größe davon. Obgleich als Wattenkreuzer konstruiert, verbreitete er sich auch in der Ostsee – bis hin nach Finnland.

Tagen aufgebracht. (Wenn das liebe Wetter trocken ist!) Im Sommer des zweiten Baujahres zu segeln, ist vielen schon möglich (Abb. 3.5–17), wenn innen noch nicht alles bis ins letzte fertig sein muß.
Für die *11,20-m-SUPER-SECURA* sind *ca. 1300 Arbeitsstunden für den Rumpf* und *ca. 1500 Arbeitsstunden für den Ausbau* normal. Für die kleine *9,30-SECURA* kommt man mit *ca. 1100 Stunden für den Rumpf*

3.5-15 SUPER-SECURA: Im Frühjahr in Spanten, im Sommer beplattet, wenn vorher im Winter geplant wurde und Spanten und Details im Keller entstanden (Fotos Teerling)

3.5-16 SUPER-SECURA: Im Herbst des gleichen Jahres innen schon konserviert und isoliert. Außen alle Beschläge drauf und alle Fenster dicht – fertig zum Innenausbau im Winter (Fotos Teerling)

3.5-17 Schon im Sommer des zweiten Baujahres zu segeln, ist möglich, wenn konsequent vorbereitet und zügig gearbeitet wurde. Innen wird dann allerdings noch nicht alles so ganz fertig sein (Schröder-Bild)

und *ca. 1200 Stunden für den Ausbau* aus. Im HD-System sind dabei immer Laien-Stunden und wenig Werkzeug vorausgesetzt. Fachleute können logischerweise mit erheblich weniger Stunden auskommen.
Die *Gesamt-Selbstbaukosten* liegen bei *33–35% des Bauwertes*, also ca. 4% höher als bei einer 10-m-Kielyacht wie der TARANGA. Das liegt am

größeren Motor und dem Hubkiel-Mechanismus. *Die Materialkosten für den Rumpf* liegen bei ca. *4–5% des Bauwertes*, also, wie immer bei Stahl, sehr niedrig.
Diese Übersicht über die konstruktiven Variationen, auf der Basis zukunftsweisender Doppelknickspanter, zeigt die vielseitigen Möglichkeiten modernen Stahl-Yachtbaus auf.
Durch die unübertroffen einfache Bauweise ist sie für den Selbstbau geradezu ideal. Bei robuster Dimensionierung guter, seegehender Stahlyachten ist die *Lebenserwartung praktisch unübertroffen*. Ich selbst besichtigte in Ägypten *eine 115 Jahre alte Stahlyacht*, deren Teakdecks erneuert werden sollten, um diese Yacht für die nächsten ca. 50 Jahre einsatzbereit zu halten. Stahl kennt bei den normalen Belastungen einer Yacht praktisch keine Ermüdungserscheinungen. Die heutigen Konservierungsmethoden sind außerdem um ein vielfaches besser, als vor 115 Jahren und schalten Korrosion, bei entsprechender Instandhaltung, praktisch ganz aus.
Ein ganz entscheidender Vorteil des Yachtbaumaterials Stahl ist seine homogene Struktur und *geringe Fehlerquote bei der Verarbeitung*. Eine poröse Schweißung macht sich sofort durch ein Leck, – eine schlecht konservierte Stelle schnell durch Rost bemerkbar. *Stahl ist grundehrlich*, indem er Verarbeitungsfehler klar anzeigt. Er zwingt zur Nacharbeit, und die ist problemlos.

3.6 Alu, Baustoff der Zukunft

Die ersten Yachten aus seewasserbeständigen Aluminium-Legierungen (im folgenden kurz Alu genannt) entstanden in den frühen 50er Jahren in den USA und Europa. Sie sind noch heute in meistens erstklassigem Zustand. Das frühere plattierte Aluminium dagegen war durchaus nicht problemlos. Da sich neuere Erkenntnisse im Yachtbau (wie alles im maritimen Bereich) recht schwerfällig durchsetzen, hängen die früheren Probleme dem Alu als Baustoff teilweise noch heute an, – genauso wie das lange Zeit mit dem Bootsbau-Sperrholz der Fall war.

Alu, am besten in Form der Legierung AlMg3, ist heute absolut seewasserbeständig. Um das zu demonstrieren, segelten schon vor vielen Jahren Alu-Yachten mit metallisch-blanker Außenhaut tausende von Seemeilen. Die Oberfläche ist dann zwar unansehnlich und rauh, aber vollkommen in Ordnung.

Um den Yacht-Eindruck zu wahren, sollte man außen jedoch schon konservieren und lackieren. Innen dagegen wurde in den letzten Jahren selbst bei Millionenyachten z. B. für den Aga Khan, auf jegliche Farbbehandlung verzichtet, – und das von einer der angesehendsten und qualitätsbewußtesten Yachtwerften dieser Welt. Das sagt mehr als viele Worte!

Über die Beständigkeit von Alu herrschen die verworrendsten Vorstellungen, da elektrolytische Anfressungen jahrzehntelang ein Schreckgespenst waren. Das lag vor allem daran, daß man dieses Problem derzeit nicht erkannte und sorglos kupferhaltige Legiermengen, Stahl und andere weit im positiven Bereich der elektrolytischen Spannungsreihe liegende Materialien zusammen mit Alu verarbeitet hatte. Bei Kenntnis dieses Problems und mit etwas Sorgfalt bei der Materialauswahl treten jetzt keine Schwierigkeiten mehr auf.

Ein weiteres Problem in dieser Richtung, nämlich mit Kupferbronze gestrichene Yachten in dauernder Nachbarschaft von Alu-Yachten, hat sich ebenfalls erledigt: Bekupferte Yachten werden auch in der Nähe von stählernen Hafenanlagen nicht mehr geduldet und sind praktisch ausgestorben.

Es bleibt also hauptsächlich die Frage nach den Verarbeitungsmöglichkeiten und den damit verbundenen Schwierigkeiten.

Um es gleich vorweg zu sagen: ich mußte auch bei mir selber damit anfangen, einen ganzen Berg von Voreingenommenheiten abzubauen.

Daß Alu wunderbar zu sägen, zu feilen, zu schleifen und sogar zu hobeln ist, wissen ja wohl die meisten.

Das günstige Gewicht, das saubere Verarbeiten und die problemlose Pflege und gute Beständigkeit ist auch schon vielen ein Begriff.

Daß gerade die am besten seewasserbeständige Legierung AlMg3 inzwischen ein sehr lagergängiges Material ist, wissen schon weniger.
Kaum einer aber hat verfolgt, daß inzwischen auch das Schweißen von Alu kein Kriterium mehr ist, weder technisch, noch von den Kosten her!
Das Schweißen mit Schutzgas, das durch eine Edelgasglocke die Korrosion durch Verbindung mit dem Sauerstoff der Luft verhindert, ist inzwischen tausenden eine Alltäglichkeit. Eine solche Schweißanlage für den Selbstbau zu verwenden, schien jedoch utopisch.
Das ist jedoch nicht mehr der Fall: Eine Schutzgas-Kompaktanlage, die auf das hochwertige aber teure Push and Pull-System verzichtet, kostet nur noch wenige tausend Mark. Das, was man an wenigen Hunderten an Argon als Schutzgas ausgeben muß, spart man an dem billigeren, unummantelten Alu-Schweißdraht schon wieder ein.
Man braucht zwar höhere Stromstärken (ca. 200–250 Ampere), um Alu-Blechstärken von 5–6 mm mit 1,2 mm Aludraht zu verschweißen, die Schweißgeschwindigkeit beträgt aber auch das Mehrfache von der bei Stahl, mit entsprechend geringer Hitzeeinbringung in die Konstruktion.
Der Schweißverzug beim Alu-Schweißen wird alleine schon dadurch in guten Grenzen gehalten.
Dazu kommt die erheblich bessere Beulsteifigkeit einer Alu-Konstruktion durch die ca. 50% größere Materialstärke solide dimensionierter Alu-Yachten. Zusammen mit dem schnellen Schweißfortschritt bedeutet das *weniger Verzug als bei Stahl*, selbst wenn dieser ebenfalls mit Schutzgas geschweißt wird.
Diese Tatsache ist eine erfreuliche Erkenntnis und für viele neu.
Das größte Vorurteil gegenüber der Verarbeitung von Alu besteht jedoch darin, daß man mit Schutzgas angeblich nur in der Halle schweißen könne. Ausführliche Erprobungen von Fachleuten in der Praxis ergaben keine Gefahr für die Qualität der Schweißung draußen bei wenig Wind oder hinter einem Windschirm. Natürlich ist eine Halle besser (wie eigentlich für jeden Bau); unbedingt notwendig ist sie nicht.
Diese, für die meisten neue Erkenntnisse, geben eigentlich den **Start frei für den Alu-Selbstbau.**
Mit der Möglichkeit des Schutzgas-Schweißens in freier Natur entfällt

natürlich auch das Hauptargument gegen Alu-Yachten für weltweite Reisen: die wenigen Werften, die bisher Alu verarbeiten. Abgesehen davon, daß auch diese ständig mehr werden, könnte man die kleine Schutzgas-Kompakt-Anlage auf Weltreisen sogar mitnehmen. Billiger ist allerdings eine provisorische Reparatur durch Doppelungen mit Verschraubungen, wenn man eine Kollision oder ähnliches haben sollte.
Alu ist leicht mit Handwerkzeugen zu bohren, sägen, feilen usw. und dadurch auch jedem Holzliebhaber sympathisch.
Wegen der Korrosionsbeständigkeit gegen Seewasser liegt ein weiterer Vorteil, neben dem halben Gewicht einer Rumpfkonstruktion, in der problemlosen Oberflächenbehandlung von Alu. Das mühselige und staubige Sandstrahlen entfällt! (Abb. 3.6–1) Das Reinigen der Flächen mit einem Entfetter und das Vorstreichen mit einem Haftvermittler reicht für jeden modernen Farbanstrich auf dauerhafter Zweikomponenten-Basis. Diese Anstriche überdauern bekannterweise Jahre, – und selbst kleine Schrammen sind bei dem korrosionsfesten Alu-Untergrund kein Problem.
Die bisher erwiesene Lebensdauer von geschweißten Alu-Yachten aus seewasserbeständigen Legierungen liegt zwar erst bei gut 30 Jahren. Da dieses homogene und korrosionsfeste Material bei großzügiger Dimensionierung und mäßigen Geschwindigkeiten keiner nennenswert hohen Wechselbeanspruchung unterworfen wird, kann man eine *Lebenserwartung von 60 und mehr Jahren* als realistisch ansehen. Lediglich bei schnellen Motoryachten, die auf Langstrecken in rauhem Seegang dauernd harten Wechselbelastungen ausgesetzt sind, käme ein Alu-Kriterium, *die Dauerfestigkeit*, negativ zur Bedeutung. Und das auch nur, wenn die Wechselbelastungen durch knappe Dimensionierung in die Nähe der Material-Streckgrenze kommen.
Um jedem Risiko in dieser einzigen kritischen Richtung aus dem Wege zu gehen, wurden die HD-Typyachten in den Materialstärken, noch weit über die Forderungen von Klassifikationsgesellschaften hinaus, bewußt zugunsten extrem hoher Lebenserwartung überdimensioniert!
Trotzdem sind die HD-Typyachten im Rumpf nur halb so schwer wie ihre stählernen Schwestern.
Die großzügigen Materialabmessungen kosten lediglich mehr Geld bei

3.6-1 Sandstrahlen entfällt beim Alu-Bau. Es wird nur entfettet und mit Haftvermittler grundiert, bevor ein dauerhaftes Zweikomponenten-Anstrichsystem in kurzen Intervallen aufgestrichen wird. Hier eine Alu-TARANGA in Bregenz (Fotos Mader)

der Material-Beschaffung. Alu ist seit mehr als 10 Jahren, relativ konstant, ca. 5- bis 6mal so teuer, wie die gleiche Masse (Gewicht) in Stahl. Da aber nur das halbe Gewicht benötigt wird, sind die Alu-Materialkosten also pro Rumpf nur ca. 2½- bis 3mal so teuer.
Die Materialkosten eines Stahlrumpfes liegen bei durchschnittlich 4% des Bauwertes, also des segelfertigen Schiffes. Ein Alu-Rumpf hätte rechnerisch also Materialkosten von 10–12% des Bauwertes. In Wirklichkeit steigt der Bauwert einer Alu-Yacht gegenüber ihrer Stahl-Schwester jedoch um mindestens 20%, – zukünftig, wenn die Alu-Vorteile der Umwelt erst voll zum Bewußtsein kommen, wohl noch erheblich mehr.
Die wirklichen *Materialkosten eines Alu-Rumpfes* werden also bei *ca. 8% des Bauwertes* liegen (gegenüber durchschnittlich ca. 4% bei Stahlrümpfen).
Die *Differenz von ca. 4%* (also ca. 4000,- DM bei angenommenen 100000,DM Bauwert) als echte Mehrkosten für das leichtere und korrosionsbeständige Alu-Schiff wären mir persönlich die Sache wert.
Durch die entschieden einfachere Verarbeitbarkeit des Materials und das Entfallen des Sandstrahlens reduzieren sich beim Alu-Rumpfbau die für Stahlrümpfe ermittelten Arbeitsstunden zum Teil erheblich. Ein *Alu-Rumpf* braucht *bis zu 20% weniger Arbeitsstunden* gegenüber dem gleichen Rumpf in Stahl!
Trotzdem werden nicht die ca. 90% der Stahlbauer unter den Metall-Selbstbauern schlagartig auf Alu umsteigen. Schutzgas-Schweißen muß man schon können, oder lernen (was kein besonderes Problem ist).
Außer den ca. 4% echten Mehrkosten (gegenüber Stahl) für das teurere Alu müssen zur Zeit für eine ausreichende (ca. 200 Ampere für 1,2 mm Draht), aber einfache Schutzgas-Kompaktanlage ca. 5000,- DM bezahlt werden. Wird diese Anlage nach dem Rumpfbau nicht mehr benötigt, hat es sich bei der HD-Telefonberatung eingebürgert, diese Anlagen an Interessenten weiterzuvermitteln (mit ca. ⅓ Abschlag vom Neupreis). So verteilen sich die Anlagekosten auf mehrere Selbstbauer.
Viele Alu-Selbstbauer können sich eine kleine Schutzgas-Schweißanlage auch von ihrem Betrieb gegen Anstandsgebühren leihen, – in unserem stark metallverarbeitenden Land keine Seltenheit mehr.

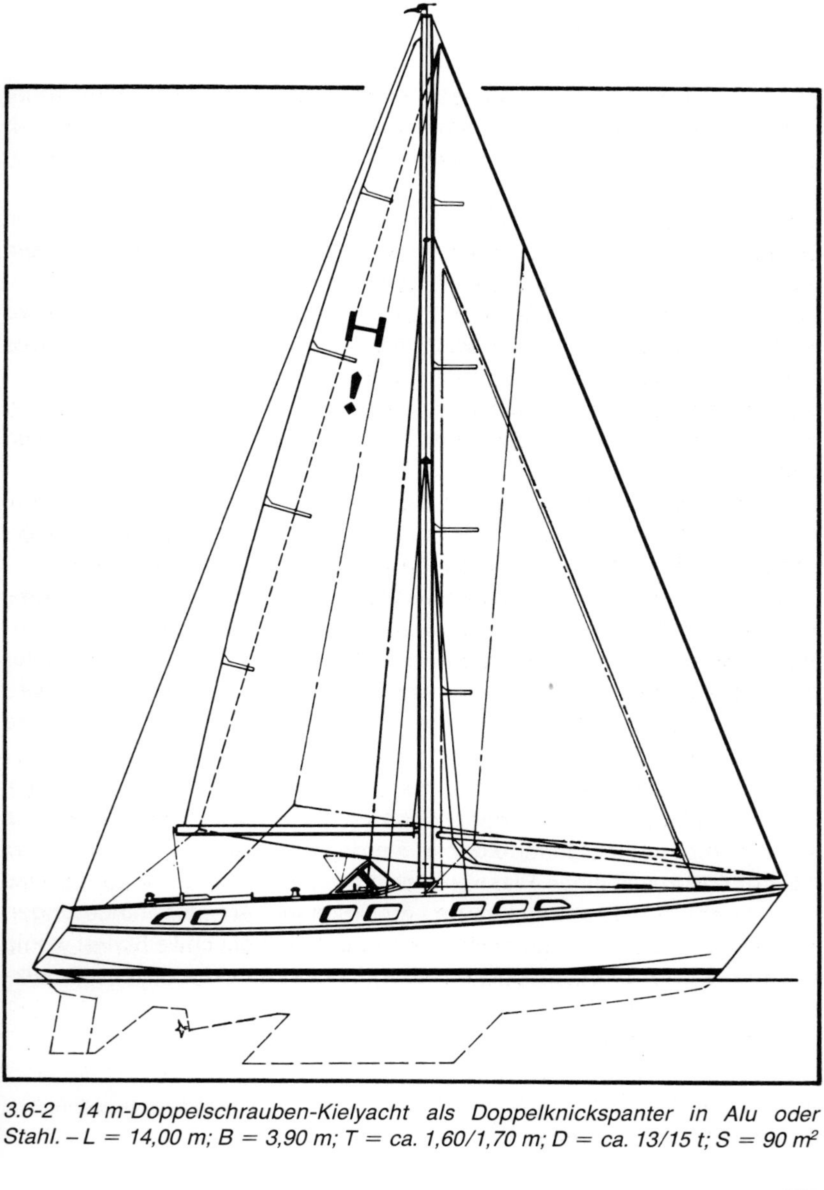

3.6-2 14 m-Doppelschrauben-Kielyacht als Doppelknickspanter in Alu oder Stahl. – L = 14,00 m; B = 3,90 m; T = ca. 1,60/1,70 m; D = ca. 13/15 t; S = 90 m²

Als Illustrationen einer jetzt stark zunehmenden Selbstbau-Aktivität im Alu-Yachtbau dient hier die *14-m-HYDRA* (Abb. 3.6–2), zusammen mit der kleineren Schwester, der *10-m-TARANGA* und der vergrößerten *17,5-m-SUPER-HYDRA*.

Die Baufolge, einschließlich des Spantenbaus, der Helgenvorbereitung, der Kiellegung und des Aufstellens (Abb. 3.6–3) ist absolut gleich mit dem Bau in Stahl, wie er schon unter 3.5 beschrieben und illustriert ist.

Es ist gar keine Frage, daß das Bauen und Hantieren mit den halb so schweren Bauteilen (gegenüber Stahl) weitaus angenehmer ist. Das blanke, saubere Alu läßt auch den bisherigen Holz-Selbstbauer leicht Vertrauen zu diesem Zukunftsmaterial fassen. Dazu kommt die praktisch gleiche Bearbeitung mit gewohntem Handwerkszeug, – (natürlich vom Schweißen abgesehen).

Empfehlenswert ist nach wie vor, den Alu-Bau in der Halle vorzunehmen. Alles bleibt sauberer und im Winter kann ungestört weitergearbeitet werden (Abb. 3.6–4). Außerdem besteht dann keine Gefahr, daß bei stärkerem Wind die Schutzgasglocke weggeblasen und dadurch die Schweißung porös wird.

Der entscheidend neue Impuls für den Selbstbau in Alu liegt jedoch in der wachsenden Erkenntnis, daß der *Alu-Yachtbau draußen* erprobt und zu verantworten ist, wenn man sich dafür nicht eine ausgesprochen windige Ecke aussucht.

Alfred Proffert in Oberursel praktizierte als einer der ersten diesen Freiluft-Alu-Bau mit gutem Erfolg. Während im Sommer alles ohne jede Abdeckung vor sich gehen konnte, wurde der halbfertige Rumpf seiner 14-m-HYDRA mit einer Plastik-Plane abgedeckt (Abb. 3.6–5), als das Herbstlaub zu fallen begann und der Schnee Arbeitsbehinderungen brachte. Bei Frost und starkem Wind wurde nicht geschweißt. Bei wenig Wind genügt eine entsprechende Abschirmung durch ein Stück Plastikfolie.

3.6-3 Das Hantieren der Alu-Bauteile mit ihrem Leichtgewicht ist angenehmer als beim Stahlbau (Fotos Mader) ▷

3.6-4 Der Alu-Bau in der Halle ist nach wie vor von Vorteil. Hier die 17,50 m-SUPER-HYDRA beim Beplatten (Fotos Wagner)

3.6-5 Herbstlaub und Schnee wurden bei dieser 14 m-Alu-HYDRA durch eine Plastikplane draußen gehalten (Fotos Proffert)

Profferts Alu-HYDRA wurde bald zum Wallfahrtsort für Selbstbau-Willige, die alle mit Staunen und Bewunderung zur Kenntnis nahmen, was mit Alu als Werkstoff relativ problemlos durchführbar war (Abb. 3.6–6).
Die Folge war ein sprunghaftes Ansteigen der Alu-Selbstbauer, die nach den HD-Plänen, die fast alle für den Bau in Stahl *oder* Alu durchgearbeitet sind, nun öfter in Alu statt in Stahl bauen.
Auch für mein eigenes nächstes Schiff ist Alu als Baustoff favorisiert, nachdem ich meine vorhergehenden Boote aus Massivholz, Sperrholz und als Kunststoff/Sperrholz-Kombination gebaut hatte.
Preis und Bauweise waren bisher das Hemmnis für die Verbreitung von Alu als Selbstbau-Material. *Beides* kann man heute nicht mehr als besonderen Schwierigkeitsgrad ansehen.
Daß Alu das beste und hochwertigste Baumaterial für den Yachtbau der Zukunft ist, beweist auch die ständig zunehmende Anzahl der Hochleistungs-Regattayachten aus diesem Metall.
Man kann ja zum Regattasegeln stehen, wie man will, – eins ist unbestritten: Regattayachtbau bedeutet die Annahme der Herausforderung an die höchsten Ansprüche in bezug auf Leistungsgewicht und Zuverlässigkeit unter härtesten Beanspruchungen! Genauso, wie renomierte Autobauer noch nach zig Jahren von Erfahrungen aus dem Rennwagenbau für den Bau der zuverlässigsten Tourenwagen profitieren, ist die Regattayacht Prüfstein für die Zuverlässigkeit von Tourenyachten für höchste Anforderungen.
Daß sich extreme Geschwindigkeiten von bis zu 14 Knoten unter Regattabedingungen und höchste Zuverlässigkeit in schweren Stürmen gerade beim modernen Alu-Bau nicht ausschließen, konnte schon der kanadische Prototyp der 14-m-HYDRA beweisen (Abb. 3.6–7). Von der amerikanischen Fachpresse beachtete hohe Segelleistungen einerseits und das tadellose Überstehen auch extremster Belastungen sogar in einem Hurricane, in dem selbst größere Yachten sanken, spricht auch für Alu beim Yacht-Selbstbau. Genau dieser Prototyp wurde nämlich von schiffbaulichen Laien als Erstlingswerk geschaffen.
Alu ist, mit hoher Wahrscheinlichkeit, wohl auch für diesen Zweck das Material der Zukunft!

3.6-6 Die sauber ausgebaute Alu-HYDRA von Alfred Proffert animierte viele Selbstbauer zum Umsteigen von Stahl auf Alu (Fotos Proffert)

3.6-7 Auch schon die erste der hundertfach verbreiteten 14 m-HYDRA war ein Alu-Bau von schiffbaulichen Laien. 14 Knoten-Spitzen in Ozeanregatten, extreme Stürme und weltweite Reisen werden von einer robusten Alu-Konstruktion problemlos gemeistert (Fotoboat Company)

3.7 Kombinationen und Vergleiche

Es gab schon immer Material-Kombinationen im Yachtbau. Sogenannte *Komposit-Bauweisen* mit Spantsystemen aus Metall und hölzerner Außenhaut galten einmal als modern und fortschrittlich. Sie haben sich *nicht* bewährt.
Die sehr unterschiedlichen Elastizitätsmodule zwischen Stahl und einem Holzverbund führten zu konstruktiven Problemen. Zwischen Alu und Holz kam es, durch die im Holz enthaltenen Säuren, sehr schnell zu übler Korrosion.
Ebenfalls abzuraten ist von der *verstärkten Kunststoff-Beschichtung hölzerner Rümpfe*. Sie ist technisch widersinnig, da eine moderne Holzkonstruktion selbst sehr hochfest und dauerhaft ist. Sie braucht keinerlei armierte Beschichtung, bei der, mit den üblichen Laminierharzen auf Polyester-Basis, schnell Haftungsprobleme auftreten. Will man diese vermeiden, müßte man zu speziellen hochwertigen Beschichtungsharzen greifen, die ausgesprochen teuer sind.
Homogene Kunststoff-Beschichtungen ohne verstärkende Fasereinlagen, auf der Basis der seewasser- und UV-beständigen Polyurethane (besser als DD-Lack bekannt) sind dagegen für verleimte Holzkonstruktionen genauso zu empfehlen, wie für Stahl- oder Alu-Yachtbauten. Was vielen nicht bekannt ist: auch viele Kunststoff-Yachten hoher Qualität haben diese beständigen PU-Lakierungen anstelle des härteren aber weniger UV-beständigen Gelcoats. Diese empfehlenswerten Kunststoff-Beschichtungen werden normalerweise zu den Malerarbeiten gerechnet und deswegen auch im nächsten Kapitel ausführlicher behandelt.

Kombinationen verschiedener Materialien für Rumpf, Deck und Aufbau sind nicht von der Hand zu weisen und werden auch im Yacht-Selbstbau gerne, wenn auch nicht so oft, praktiziert. Rümpfe aus Kunststoff oder Metall und Decks mit Aufbauten aus Sperrholz oder massivem Teak sind oft die edleren Exemplare unter den Selbstbau-Yachten. Oft ist der Rumpf fertig vom Hersteller bezogen und die Holzarbeiten werden liebevoll in eigener Regie durchgeführt (Abb. 3.7–1). Solche Selbstbau-Edelstücke begeistern natürlich jeden Holzliebhaber und sind der Kompromiß

3.7-1 Oft werden preiswerte Metallrümpfe von guten Rumpfherstellern bezogen und dann die Holzarbeiten liebevoll in eigener Regie durchgeführt. Solche Edelstücke machen sich besonders gut (Fotos Dettlaf)

zwischen Schönheit und realistischer Zweckmäßigkeit. Kostenmäßig ist dieser Edel-Selbstbau durchaus noch zu vertreten, wenn ein guter und starker Rumpf von empfohlenen Rumpfherstellern die Basis dafür bildet (Abb. 3.7–2).

Der konservierte Rumpf kann im Sommer auch unter recht einfachen Schuppen und Remisen ausgebaut werden, wie sie auf dem Lande noch sehr oft für kleines Entgelt zu mieten sind. Aber auch im echten Selbstbau entstehen hin und wieder noch Kombinationen von Metallrümpfen mit hölzernen Decks. Das gilt vor allem auch für Wattenkreuzer, die als extrem flachgehende Hub- oder Kimmkieler einen äußerst robusten Me-

3.7-2 Konservierte Metallrümpfe von guten Rumpfherstellern können im Sommer auch unter recht einfachem Wetterschutz ausgebaut werden (Fotos Dettlaf)

tallrumpf brauchen (die auch einmal härter aufsetzen können, wenn die Navigation es so wollte), – deren anspruchsvolle Bauherrn jedoch auch von innen auf Mahagoni-Decksbalken blicken und auf ein isolierendes Holzdeck nicht verzichten wollen (Abb. 3.7–3).
Sowohl die Selbstbaukosten, wie auch die spätere Leckage-Häufigkeit werden jedoch durch Holzdecks erhöht. Daran führt kein Weg vorbei und ich habe seit Jahren jedem Selbstbau-Interessenten von solchen Kombinationen abgeraten, wenn er auf dem Gebiet von Holzdecks nicht eine ausgesprochene Fertigkeit und Erfahrung besaß.
Der realistische Yacht-Selbstbau der Zukunft verzichtet immer mehr auf verteuernde Holzarbeiten außen und tendiert zum problemlosen Ganzmetall-Schiff. Auch ein Deck mit rutschfester Farbe kann schließlich schön gestaltet werden und Naturholz kann innen noch mehr als genügend für Gemütlichkeit sorgen. „Außen Metall, innen Holz" ist eine der sinnvollsten Yachtbau-Kombinationen. Sie ist nicht nur preiswerter, sondern auch problemloser und dadurch, auf lange Sicht, sinnvoller.
Robuste, stark dimensionierte Kunststoff-Rümpfe kleinerer Yachten mit einem leichten Sperrholz-Waldeck drücken natürlich das Trailergewicht und die Selbstbaukosten und haben speziell in dieser Yachtgröße ihre Berechtigung. Die naturlackierten Mahagoni-Deckbalken und der edle Mahagoni-Look im Kockpit locken natürlich auch in dieser Yachtgröße und sind technisch vertretbar.

Vergleiche zwischen den verschiedenen Baumaterialien und Baumethoden des echten Selbstbaus soll der Leser dieses Büchleins grundsätzlich selber anstellen.
Einiges kann jedoch noch als Hilfestellung hinzugefügt werden:
So wird der aufmerksame Leser gemerkt haben, daß für Kunststoff und Holz die Rumpf-Baukosten fehlen. Das liegt schlicht an der vorliegenden ungenügenden Anzahl von Erfahrungswerten, aus denen ich einen realistischen Mittelwert hätte bilden können.
Beim zu verantwortenden *Kunststoff-Selbstbau* in einer fachgerechten, klimageregelten Werkstatt, unter fachlicher Anleitung und Benutzung einer fremden Form, sind die Rumpfbaukosten logischerweise dem Preis

3.7-3 Auch im echten Selbstbau entstehen Metallrümpfe mit Holzdecks. Hier der bewährte robuste 9,30 m-Wattenkreuzer vom Typ SECURA (Fotos Kopperschmidt)

des Fertigrumpfes des betreffenden Yachttyp praktisch gleichzusetzen, – vermindert lediglich um den Stundenlohn, den man als „Hilfsarbeiter in eigener Regie" herausarbeitet.
Beim Bau mit einer Positivform dagegen gibt es drastische Unterschiede im Aufwand. Baut jemand die doch recht aufwendige Positivform nur für seine eigene Benutzung, wird dieser Kunststoffbau wohl die teuerste Bauweise überhaupt. Das gilt auch für den Aufwand an Arbeitsstunden; benutzen jedoch mehrere die gleiche Form, hängt dieser davon ab, wie viele es sind.
Die Materialkosten schwanken, wegen der direkten Erdölabhängigkeit der Laminierharze, recht stark. Gleichmäßig dürfte nur die ständig weiter steigende Preistendenz sein, die den gesamten Kunststoff-Yachtbau bedroht. Kauft ein Selbstbauer jedoch sein Harz außergewöhnlich billig ein, ist äußerste Vorsicht geboten: Dieses Harz kann überaltert oder durch Frost- oder Hitzeeinwirkung minderwertig oder sogar unbrauchbar sein und soll evtl. deswegen zu „günstigen" Preisen an den Mann gebracht werden.
Das gleiche Kriterium gilt sonst, außer für Farben und Lacke, nur noch für den Resorzinharzleim, der für den Holz-Yachtbau gebraucht wird.

Der Selbstbau von Holzrümpfen liegt, die Längsspant-Diagonalmethode für Rundspanter vorausgesetzt, in den Stunden kaum höher als die für Metallrümpfe. Benutzen jedoch *zwei* Selbstbauer den gleichen Satz Mallspanten, wird der *Arbeitsaufwand* schon nicht mehr höher, als bei Alu-Doppelknickspantern.

Der Kostenaufwand wird zum kleineren Teil vom direkt erdölabhängigen Leim, zum überwiegenden Teil jedoch vom Holzpreis bestimmt. Gutes Sipo oder Khaya, die geeignetsten Bootsbau-Hölzer, kosten ihren Preis. Einsame Spitze ist jedoch die Preisentwicklung von richtigem Bootsbau-Sperrholz, das sich vom normalen, kochfest verleimten AW 100-Sperrholz durch Fugendichte der Innenlagen und etwas dickere Außenfurnier-Lagen unterscheidet. Es ist fast doppelt so teuer wie das AW100-Sperrholz gleicher Holzart, das für den Innenausbau immer und für den Bau

von Decks, Kockpits und Aufbauten unter bestimmten Voraussetzungen ausreicht.
Entschließt sich der Rumpf-Selbstbauer zur Anschaffung eines (doch recht preiswerten) pneumatischen Klammer-Apparates und einer Leihflasche voller Preßluft, ist eigentlich der Weg frei zum *preiswerten Holzrumpf-Bau!* Er muß nur die wenigen vorhandenen Hersteller ca. 5 mm starker Messerfurnier-Streifen oder entsprechender Streifen von der Mehrblatt-Kreissäge, die schon verleimfähige Oberflächen haben, kennen. Diese Streifen werden dann dreifach *kreuz*diagonal verleimt, – eine bombige Bauweise für Yachten bis ca. 10 m Länge. *Die Rumpfbaukosten* liegen dann etwa *zwischen* denen von *Stahl- und Alu-Rümpfen*, während der Bau mit den diagonalversetzt verleimten Streifen aus brandteurem Bootsbausperrholz sogar *über den Kosten von Alu-Rümpfen* liegt.
Daß der *Stahlbau unschlagbar preiswert* und zuverlässig ist, und daß *Alu*, als ebenfalls homogenes Material, vor allem in der Verarbeitung wesentlich *günstiger* wurde, ist nun ausführlich genug behandelt worden.
Zum Vergleich steht noch die Zweckmäßigkeit der vier heute aktuellen Selbstbau-Materialien an: *Kunststoff und Holz* als *nichthomogene Baustoffe* sind fehlerempfindlicher; Kunststoff in ganz besonderem Maße. Beide brauchen im Prinzip die beheizbare Halle für kalte Außentemperaturen. Für Kunststoff ist diese in unseren Breiten obligatorisch; für bestimmte hiesige Wetter-Verhältnisse muß auch die Luftfeuchtigkeit regulierbar sein.

Stahl und Alu können draußen verarbeitet werden; Alu, wegen der fehlenden Korrosion, eigentlich sogar noch besser, wenn beim Schutzgas-Schweißen für ausreichenden Windschutz gesorgt wird. *Für Stahl* spricht technisch die *absolute Ehrlichkeit* dieses homogenen Materials, das jeden kleinen Fehler sofort anzeigt und problemlose Nachbesserung möglich macht.

Für Alu, ebenfalls homogen und zuverlässig, spricht das *günstige Gewicht*, die *hohe Korrosionsbeständigkeit* und die außerordentliche *leichte Verarbeitbarkeit*. Die etwas höheren Materialkosten sind dadurch gerechtfertigt und die Schutzgas-Kompakt-Schweißanlage kann auf mehrere Selbstbauer umgelegt werden (jedenfalls mit Hilfe des HD-Services).

Wer alle Faktoren der vier aktuellen Baumaterialien in Ruhe vergleicht, wird leicht feststellen, in welche Richtung sich der fachgerechte Yacht-Selbstbau entwickeln wird, – zumindestens für unsere harten nordeuropäischen Verhältnisse.
In trockenen und sonnigen Zonen unserer Erde, in denen ja auch die meisten ungelernten Arbeitslosen herumlaufen, wird es auch weiterhin inhomogene „Eierschalen"-Bauweisen im Yacht-Selbstbau geben.

3.8 Installationen, Beschläge, Malerarbeiten

Im Gegensatz zum Ausbau von Rümpfen oder der Endmontage im Pseudo-Selbstbau mit kommerziell gefertigten und vertriebenen Ausbau-Sätzen und detaillierten Einbau-Beschreibungen, ist die *Installation der Anlagen* beim echten Selbstbau ganz Sache des Bauherrn.
Da es hierfür als guten Leitfaden das Buch von Hans Donat „Ausbau von Bootsrümpfen" gibt, sind die Einbaubeschreibungen und -Anleitungen dem Selbstbauer in die Hand gegeben. Alles was dort nicht steht, findet man im „Yachtbau" in recht zeitlos gültiger Form. Da ein Bauherr ohne jede technische Vorbildung auch nicht an den fachgerechten Yacht-Selbstbau geht, sind in dieser Richtung bisher kaum Probleme aufgetaucht.

Die Beschaffung der Anlagen, Beschläge, Riggs, Segel usw. ist eine viel problematischere Angelegenheit für viele Selbstbauer. Sie kennen nicht ohne weiteres die günstigsten Bezugsquellen, verbrauchen viel Zeit mit Suchen und Fragen, – und kaufen dann doch noch meistens zu teuer oder das schlechtere Fabrikat.

Die Beschaffungsberatung ist eine entscheidend wichtige Sache für den Selbstbauer. Im Rahmen des HD-Systems gibt es deswegen technisch

vorgeprüfte Sammelbestellungen für ganze Riggs, Segel und Beschläge. Zusätzlich kann dort jeder Lizenznehmer werktäglich durch den seit Jahren eingerichteten Telefon-Beratungsdienst Auskunft erhalten, wo er was am günstigsten kauft. Diese Auskünfte sind recht aktuell, da ich dauernd von aktiven Selbstbauern neue Tips für gute Einkaufsmöglichkeiten erhalte. Angebote besonderer Preiswürdigkeit sind deshalb an der Tagesordnung. Mein kalifornischer Konstrukteur-Kollege Bruce Roberts macht sich dagegen das Leben einfach, wenn er schlicht auf den örtlichen Handel verweist. Andererseits rät er seinen Lizenznehmern, im weitesten Sinne möglichst alles selbst zu machen und gibt deswegen seinen Selbstbauern ein „Detail-Folio" in ca. DIN-A-4-Format mit.
Auf über 30 Seiten gibt er da in perspektivischen aber unmaßstablichen und meistens auch unbemaßten Skizzen seine Empfehlungen für den Bau von Vorrichtungen, Werkzeug, Helgen, Tanks und Einrichtungsdetails genau so an, wie tabellarische Werte und Kurven zur Dimensionierung des Riggs! (Abb. 3.8–1)
Während ersteres hilfreich sein kann, ist die empfohlene Selbstkonstruktion und Bastelei von so entscheidenden Bauteilen wie der Takelage in meinen Augen einfach leichtsinnig. Wantenspanner aus Muttern und Wasserrohr zusammenzuschweißen und die Augen der Gewindeteile selbst aus Bolzenköpfen zu schmieden, kann, im wörtlichsten Sinne, ins Auge gehen und sogar tödlich enden!
Ich halte entschieden mehr davon, entweder bis ins letzte und mit jeder Toleranz versehene Bauzeichnungen an den Lizenznehmer zu geben, – oder aber, ihn direkt an den leistungsfähigsten und deswegen preiswertesten Spezialisten zu verweisen.
Takelagedetails ändern sich entsprechend immer neuen Erfahrungen, – und auch ein Konstrukteur kann nicht gleichzeitig auf allen Teilgebieten auf dem neuesten Stand sein. Ich bin nicht dafür, durch Vergrößerung von Fehlerquellen Selbstbauer in Gefahr zu bringen, sondern habe mich schon immer dafür eingesetzt, auch beim Yacht-Selbstbau die Eigenleistung sinnvoll mit rentabler Spezialistenarbeit zu kombinieren.

Malerarbeiten erscheinen den meisten Selbstbauern als unbedeutende Endphase und als Verschönerungsprozedur.

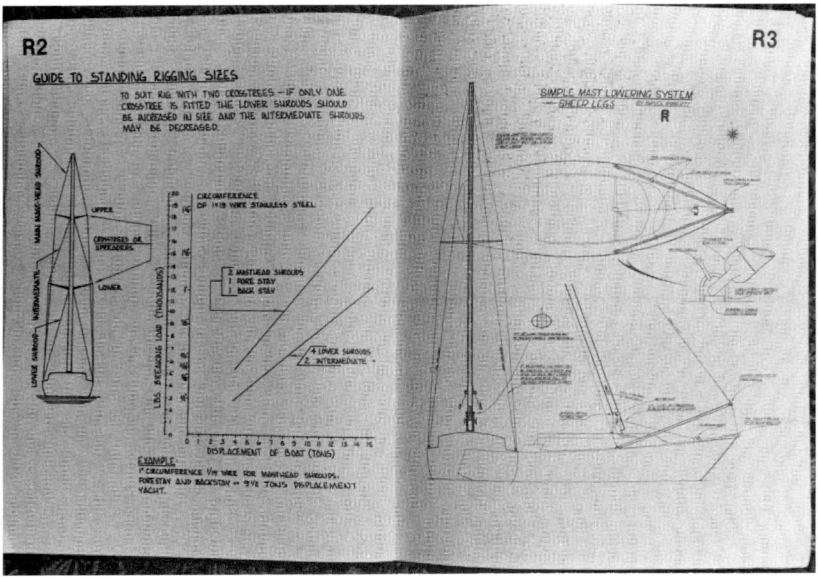

3.8-1 Roberts gibt seinen Selbstbauern nur Richtwerte für das Rigg – und empfiehlt sogar den Selbstbau von Wantenspannern aus Muttern und Wasserrohr mit selbstgeschmiedeten Gewindestücken.

In Wirklichkeit geben sie der Yacht nicht nur das entsprechende Finish, sondern entscheiden auch ganz wesentlich über die Lebensdauer Ihres Selbstbaus.
Die Änderung der Anstrichsysteme, mit deren Erweiterung auf Zweikomponenten-Anstriche, machen eine sich dauernd wandelnde kleine Wissenschaft daraus.
Das Buch „Yachtbau" zeigt klassische Methoden der Malerarbeiten mit Ein-Komponenten-Systemen genaus ausführlich wie die moderneren, widerstandsfähigeren, aber auch etwas verarbeitungsproblematischeren Zweikomponenten-Systeme. Anstrichaufbau, Schichtdicken und Inter-

vallzeiten sind dort genauso beschrieben, wie alles Wissenswerte über das Spachteln und Schleifen.

Grundsätzlich sind Anstrich-Systeme unabhängig vom verwendeten Baumaterial. Lediglich der Grundanstrich, d. h. die Erst-Konservierung richtet sich danach.

Speziell beim *Stahlbau* ist schon im Stadium der Bauplanung die Frage zu klären, ob mit unbehandeltem Stahl gebaut werden soll oder mit schon gesandstrahlten und geprimerten Blechen.

Der Primer ist eine sehr dünne spezielle Farbschicht für eine begrenzte Zwischen-Konservierung von 5–7 Monaten. Der geprimerte Stahl ist schweißbar. Im Schuppen hält der Primer auch erheblich länger als 5–7 Monate. Leider wird er im Laufe der Zeit verkratzt und mechanisch beschädigt, so daß dann an diesen Stellen Rost auftritt.

Das ist vor allem draußen und bei längerer Bauzeit der Fall. Weiß man das vorher, kann man sich das Geld für das schon vorbehandelte Stahl-Material sparen.

Man läßt das unbehandelte Material ruhig rosten. Je mehr, um so besser geht dann später beim Sandstrahlen die schädliche Walzhaut mit runter. Wenn der Stahlbau im Freien mit allen Schweißarbeiten fertig ist, wird erst innen gesandstrahlt und konserviert.

Viele lassen den fertigen Rumpf außen noch weiter rosten, während innen, bei schon geschlossenen Fenstern ausgebaut wird. Man kann aber draußen auch gleich alles sandstrahlen, muß dann aber nicht nur sofort grundieren, sondern in kurzen Intervallen gleich alle folgenden Konservierungs-Anstriche aufbringen. Es fehlen dann nur ein oder zwei Endlackierungen (Abb. 3.8–2), die dann erst kurz vorm Stapellauf aufgebracht werden.

Kann man schon gesandstrahlten und geprimerten Stahl gut und günstig einkaufen, weiß aber, daß man im Freien und/oder sehr langsam baut, hat sich folgender Kompromiß bewährt:

Innen werden nur die Schweißnähte und die Schadstellen abgeschliffen und nachgeprimert und danach alles erst einmal mit Kunstharz-Bleimennige und darüber dick mit 2–3mal Kaltbitumen bzw. Flüssigasphalt dauerkonserviert. Dieses System, innen und auf nicht mehr ganz rostfreiem

3.8-2 Beim Bau mit unbehandelten Stahlplatten wird später oft innen und gleich auch außen gesandstrahlt und sofort komplett konserviert. Nur die letzten Außenlackierungen erfolgen erst kurz vor dem Stapellauf (Fotos Jung)

Stahl, ist seit Jahrzehnten bewährt. Außen dagegen sollte man heute keinen Kompromiß mehr eingehen, sondern alles noch einmal sandstrahlen und bei trockenem Wetter gleich alle Konservierungsanstriche aufbringen. Diese besonderen Hinweise für den Stahlbau sind für die Planung des ganzen Arbeitsablaufs und des Terminplans notwendig.
Sandstrahlen kann man lassen, – oder aber beim Stahlbau-Unternehmen ein Gebläse tageweise leihen und selber durchführen. Diese stahlspezifischen Malervorbereitungen braucht nur der Stahl und gibt diesem einen Minuspunkt.

Alu wird nur entfettet und mit Haftvermittler vorgestrichen. Für *Kunststoff* ohne Gelcoat gilt das gleiche.
Holz erhält als Grundierung eine fäulnishemmende, tief eindringende Imprägnierung, bevor die weiteren Anstriche folgen.
Ein Rat für jeden Selbstbauer, der nicht ein wirklich erstklassiger Lackierer ist: Lassen Sie die *End*lackierung innen und vor allem außen von einem Profi machen! Das zahlt sich im Finish aus und kostet nicht viel, wenn Sie alles andere selbst gemacht haben.
Malerfragen gehören mit zu den am meisten gestellten in meinem HD-Beratungsdienst. Durch Kontakt mit hunderten von Selbstbauern können wirklich praxisnahe Ratschläge erteilt werden.

4 Bauwert und Wertbeständigkeit

Nachdem diese beiden Begriffe im Verlauf der vorhergegangenen Abhandlungen immer wieder aufgetaucht sind, sollen sie nun erklärt und verdeutlicht werden. Die Kosten, die Stunden und die Rentabilität des Selbstbaus stehen in engem Zusammenhang mit dem Bauwert einer Yacht und ergänzen dieses Kapitel dementsprechend.

4.1 Welchen Wert hat Ihr Selbstbau?

Gemeint ist damit nicht der ideelle oder Liebhaberwert einer Selbstbau-Yacht, (der kann, je nach Naturell und Geschmack des Betrachters, sehr unterschiedlich hoch ausfallen) sondern *der Bauwert!* Der Bauwert ist jedoch nicht den entstandenen Selbstbaukosten gleichzusetzen. Auch die können, je nach Fleiß und Geschicklichkeit des Selbstbauers, vor allem aber in Abhängigkeit von der Art des Bausystems und der Bauweise, sehr verschieden hoch ausfallen. Vor allem interessiert es einen späteren Käufer Ihrer Selbstbau-Yacht recht wenig, wie sehr Sie sich gequält und wie teuer Sie Material eingekauft haben. Es wird ihn auch kaum zu einem höheren Angebot reizen, wenn Sie ihm klarmachen wollen, wie umständlich das von Ihnen verwendete Bausystem eventuell gewesen ist.

Der Bauwert ist der vergleichende Markt-Nennwert! Während der Marktwert, je nach wirtschaftlicher Lage und manchmal auch von den Wetterverhältnissen der vergangenen Saison abhängend, steigt und fällt, ist der Bauwert nur technisch begründet.

Er basiert auf einem Vergleich mit Werft-Neubauten ähnlicher Größe und Konzeptionen und qualitativ gleichwertiger Bauweisen. Der Durchschnitts-Preis von segelfertigen Vergleichsschiffen im Neuzustand entspricht dem Bauwert Ihrer Selbstbau-Yacht!
Voraussetzung für die Ermittlung eines solchen Bauwertes ist die Kenntnis von den Preisen der Vergleichsschiffe. Wer auf diesem Gebiet etwas zuhause ist und dann noch zum Preisvergleich „KLASINGS BOOTSMARKT international" heranzieht, kann diesen Bauwert relativ gut bestimmen. In den Fällen, in denen, neben Selbstbau-Sätzen, auch fertige Schiffe angeboten werden, ist der Bauwert des Selbstbaus identisch mit dem der angebotenen segel- oder fahrfertigen Yacht.

Segelfertige oder fahrfertige Yachten sind nicht vollständig ausgerüstet! Im Laufe von vielen Jahren hat sich ein ziemlich einheitlicher Angebotsstandard für den Begriff „*segelfertig*" herausgebildet:
Er umfaßt das Schiff mit allen Einrichtungen, die zum Segeln notwendig sind. Außer dem Rigg, zwei Standardsegeln mit entsprechenden Fallen, Schoten, Beschlägen und Fallwinden, gehört nur noch das Minimum einer Ankerausrüstung, 2 Festmacher, 2 Fender, Kocher, WC, Feuerlöscher, die Standard-Einrichtung mit einfachen Bezügen, und auf Deck die Seereling, die notwendigsten Decksbeschläge und Schotwinden dazu.
Fahrfertig ist eine Yacht mit installierter Antriebsanlage, bei kleinen Yachten unter 8 m Länge, im allgemeinen mit einem gehalterten Außenborder.
Segel- und fahrfertige Yachten sind also noch etwas davon entfernt, see- oder gar urlaubsfertig zu sein. Im allgemeinen gehören *nicht* dazu:

- Rettungsmittel aller Art (Inseln, Westen)
- Navigations-Ausrüstungen (Kompasse, Meßgeräte, Karten)
- Funkgeräte aller Art, einschließlich Antennen und Peilern
- Fender und Trossen größeren Umfangs
- Werkzeug und Ersatzteile

Diese Klarstellung ist notwendig, damit keine Mißverständnisse bei allen, in diesem Buche angestellten Kostenvergleichen unterlaufen.

Auch für alle hier angeführten Beispiele von Selbstbau-Yachten ist der segel- und fahrfertige Umfang zugrunde gelegt worden, wie man ihn von vergleichbaren Fertigyachten kennt.
Diese Art der Definition ist korrekt, da die ausgeklammerten Lieferungen zu stark von dem einzelnen Käufer oder Bauherrn und seinem speziellen Bedarfsfall abhängen.
Ein vergleichbarer Lieferumfang mußte vor allem für den Kostenanfall der in diesem Buch als Beispiele angeführten Selbstbau-Yachten zugrunde gelegt werden. Alle angegebenen Prozentsätze für die zu erreichenden Kosten-Einsparungen durch den Selbstbau basieren darauf.
Der Wert Ihres Selbstbaus ist einem Werftbau gleichen Konzepts, ähnlicher Bauweise und gleicher Qualität also durchaus gleichzusetzen. Selbst wenn das Finish Ihres Baus nicht ganz an das eines gelcoat-glänzenden Werftbaus heranreicht, brauchen Sie keine Komplexe zu bekommen, wenn unter dem Lack eine grundsolide und fachgerechte Bauweise steckt. Immer mehr versierte Wassersportler nehmen den ,,Jeans-Look'' gerne in Kauf, wenn sie sich hohe Lebenserwartung, Ehrlichkeit des Materials und große Zuverlässigkeit der Bauweise damit einhandeln.
Die guten Eigenschaften Ihrer Selbstbau-Yacht müssen jedoch weitgehend bekannt sein! Wenn nur Sie selbst davon überzeugt sind, eine erstklassige Yacht gebaut zu haben, wird Ihnen das nicht sehr viel nützen.
Ein eventueller späterer Kaufinteressent wird einen ,,Unsicherheits- und Risikorabatt'' erheblicher Größenordnung von Ihnen verlangen. Bekannte und bewährte *Selbstbau-Typyachten haben einen hohen Wert*, weil sie sich über viele Jahre einen Vertrauens-Vorschuß durch guten Ruf erworben haben. *Einzel-Selbstbauten* haben dagegen einen *schlechten Kurswert*, wie Ihnen versierte Yachtmakler bestätigen können.

4.2 Wertbeständigkeit durch echte Typyachten

Damit sind wir bei einem Thema, das mir seit vielen Jahren ganz besonders am Herzen liegt.

Dem realistisch eingestellten Selbstbauer kann eigentlich kaum etwas übleres passieren, als nach manchmal jahrelanger Arbeit eine Yacht zu besitzen, die nur Liebhaberwert hat.
Da auch fast immer Partner oder Familienmitglieder daran beteiligt waren, ist das nicht nur die persönliche Angelegenheit eines Einzelnen, sondern es betrifft mehrere!
Die Chancen, in späteren Jahren einen guten Gegenwert für eine Selbstbau-Yacht zu erhalten, sind um so kleiner, je individueller dieses Fahrzeug konstruiert, abgeändert oder gebaut wurde. Je mehr gleiche Schwestern eine Selbstbau-Yacht dagegen hat, um so leichter sind Interessenten vom hohen Wert derselben zu überzeugen. Das ist nur logisch und psychologisch nicht anders zu erwarten.
Handelt es sich bei einem Einzelbau auch noch um eine Eigenkonstruktion, ist die Unverkäuflichkeit zu gutem Preis fast garantiert. Der Kaufinteressent wird sich schlecht von dem Gefühl befreien können, sein gutes Geld für ein mißglücktes Experiment bezahlen zu sollen.
Dieses Gefühl wird er nie haben, wenn hunderte gleicher Typyachten existieren oder in Bau sind!

Genau aus dem Grunde guter Wertbeständigkeit habe ich für die HD-Typyachten den Klassenstatus vorgesehen, der für echte Selbstbauyachten eine weltweite Neuheit ist.
Genaue Baupläne schaffen die Möglichkeit dafür, und eine Klassenvorschrift regelt die erlaubten Abweichungen in Form von prozentualen Bautoleranzen. Bauzustandsfotos und eine verbindliche Bau-Übereinstimmungs-Erklärung des Bauherrn sind die Voraussetzung für den Klasseneintrag mit entsprechender Segelnummer. Ein spezielles Typyacht-Zertifikat vereinfacht die Beschaffung des „Internationalen Sportboot-Zertifikats", das für den grenzüberschreitenden Verkehr in Europa vorgeschrieben ist. Auch zur Erlangung der Nämlichkeits-Bescheinigung vom Zoll ist das Typyacht-Zertifikat sinnvoll und nützlich.
Der entscheidende Vorteil nachgewiesenermaßen einheitlicher Typyachten liegt jedoch in der hohen Wertbeständigkeit. Diesen Vorteil sollte jeder Yacht-Selbstbauer beachten und nutzen.

Das schließt ja keinesfalls aus, daß das Bauen selbst außerdem, – oder sogar in erster Linie Spaß an der schöpferischen Leistung bringt. An den nichttragenden Einrichtungen größerer Yachten kann sich auch jeder eingefleischte Bastler austoben. Dieses Motiv sollte jedoch nicht den gesunden Realismus begraben, die Wertbeständigkeit einheitlicher Typyachten zu erhalten.

4.3 Kosten, Stunden, Rentabilität

Der realistisch denkende Yacht-Selbstbauer will durchaus wissen, ob sich sein Vorhaben rentiert. Nur Idealisten rechnen Ihre eigenen Arbeitsstunden nicht. Sie begehen einen oft verübten Selbstbetrug, der zu verzeihen ist, solange sie sich dabei wohlfühlen.
Eine große Anzahl der von mir befragten Selbstbauer war mutig und wißbegierig genug, ihre Arbeitsstunden festzuhalten.
Die Mittelwerte aus diesen Befragungen finden Sie fast immer am Ende der Abhandlung über ein Ausbau-Beispiel oder ein Beispiel einer Bauweise für den echten Selbstbau.
Wenn die Angaben über Kosten und Stunden fehlen, waren einfach zu wenig Aussagen vorhanden, um daraus einen realistischen Mittelwert zu bilden.

Die Kosten eines Yacht-Selbstbaus können, trotz gleichen Schiffstyps und gleicher Bauweise, unterschiedlich hoch ausfallen. Das liegt einmal daran, wie intensiv der einzelne verbilligende Sammelbestellungen ausgenutzt hat. Unabhängig davon sind die sogenannten Bau-Nebenkosten sehr abhängig von den persönlichen Verhältnissen des einzelnen Selbstbauers. Zu den *Baunebenkosten* gehören die Kosten für:

- Transporte
- Platzmiete
- Strom und Heizung
- Werkzeug und Helgenmaterial

Bei meinen eigenen Selbstbau-Yachten des HD-Systems sind Einbaudiesel immer als marinisierte PkW-Diesel und Ballastblei immer als Altblei gerechnet.

Die Baunebenkosten können zwischen 0 und 5% des Bauwertes liegen und sind, wegen dieser starken Schwankungsmöglichkeit grundsätzlich *nicht enthalten*, soweit es sich um die in diesem Buch genannten Werte handelt.

Die Arbeitsstunden sind grundsätzlich als reine Arbeitszeit gerechnet. Planen, Denken und Träumen ist in den hier ermittelten Arbeitszeiten nicht enthalten.
Auch sogenannte *Nachrüstzeiten* sind in den genannten Arbeitsstunden nicht enthalten. Als Nachrüstzeiten gelten die Verfeinerungs- und Verschönerungsarbeiten, die nicht zum *segel- oder fahrfertigen* Schiff gehören. Für die Selbstbau-Kosten gilt das natürlich sinngemäß. So zu rechnen, ist als Vergleich zum gekauften, segelfertigen Schiff vollkommen realistisch, da ja auch dieses im Laufe der Jahre noch verfeinert und vervollständigt wird. In beiden Fällen liegen die dafür anfallenden Kosten und Arbeitsstunden individuell sehr unterschiedlich hoch und können deshalb nicht in realistische Vergleiche einbezogen werden.

Die Rentabilität drückt sich in dem erarbeiteten Stundenlohn aus. In „Yacht", Heft 5/79 (Seite 70–77) wurde von mir ausführlich über dessen Errechnung berichtet. Ich möchte das hier nicht wiederholen. Vereinfachend gesagt, wird die Differenz zwischen Bauwert und Selbstbaukosten durch die Anzahl der Arbeitsstunden geteilt, die der Bauherr mit seinen Helfern leistete. Auf diese Weise erarbeitete ich für die HD-Typyachten eine *Stundensatztabelle* der durch Eigenarbeit in DM/Std. erreichten Einsparung gegenüber Fertigbauten (Abb. 4.3–1).
Diese Ausrechnung basiert auf einer 1978 zusammengetragenen *Kostentabelle* (Abb. 4.3–2), deren Kosten aus festen Sammelbestell-Preisen und den erfragten restlichen Selbstbau-Kosten gemittelt wurden und deren Selbstbaustunden für den Rumpf oder die Installationen ebenfalls Mittelwerte aus Umfragen sind.

STUNDENSATZ-TABELLE

der durch Eigenarbeit in DM/Std. erreichten Einsparung gegenüber Fertigbauten

H.-D.-Selbstbau-Typyacht	bei „totalem" Selbstbau (inkl. Rumpf)	bei Ausbau von fertigen Rümpfen	beim Bau von Rümpfen selbst
4,60 m-Jolle MINISUPER	11,40	Keine Ausbaurümpfe	nicht erfaßt
6,80 m-Kielyacht CONTRA	nur Ausbauschalen	21,70	nur Ausbauschalen
7,55 m-Kielyacht OMEGA	18,00	25,00 – 37,00	12,30
8,30 m-Kimmkieler ASTRA	22,70	34,00	18,80
9,20 m-Kielyacht DESTY	28,00	Keine Ausbaurümpfe	nicht erfaßt
9,30 m-Hubkieler SECURA	31,00	50,00	12,00
10,00 m-Kielyacht TARANGA	36,00	49,00	15,40
11,20 m-M.-S. SUPER-SECURA	31,00	49,00	17,00
14,00 m-Kielyacht HYDRA	43,50	55,00	35,00
17,50 m-Kielyacht SUPER-HYDRA	~ 44,50	~ 58,00	~ 28,00
11,00 m-M.-S. REINKE-11er	~ 36,00	~ 46,00	~ 26,70
10,00 m-Motoryacht TOURINA 100	27,00	33,00	24,20
13,50 m-Motoryacht TOURINA 135	46,00	Keine Ausbaurümpfe	nicht erfaßt

4.3-1 ▷

4.3-2 ▽

KOSTEN-TABELLE (1978)

	1	2	3	4	5	6	7	8
Typ-Yacht	ca. Werft-baukosten	ca. Gesamt-Selbstbaukost.	Ausbau-rumpf ab DM:	Rigg inkl. S-Fock + Groß:	ca. Kasko Selbstbau-Std.	ca. Install.-u. Ausbau-Std.	kg Stahl für Rpf. inkl. 25 %	Umbau-Mot. ab DM:
4,60-m-**MINISUPER** (Sperrholz)	DM 6500,-	DM 2800,-	—	≈ 750,-	350	—	Verschnitt —	Außenborder ab 800,-
6,80-m-**CONTRA** (formverl. Mahag.)	33000,-	13500,-	5578,-	2544,-	—	900	—	Außenbord. ab 2000,-
7,55-m-**OMEGA** (GFK od. Holz)	38000,-	18000,- bis 25000,-*	8848,- bis 14350,-*	2652,-	700,- Holz, total selbst	800 bis unter 350 bei	— Voll-GFK-Rpf.	AB ab 2000,- EB.-D. ≈ 7000,-
8,30-m-**ASTRA** (Ganzstahl)	78000,-	26000,-	20790,-	3228,-	1100	1200	2670	Einbau-Diesel ab 4500,-
9,20-m-**DESTY** (Stahl, Alu, Holz)	105000,- (120000,-)	35000,- (40000,-)	—	—	1400 (1600)	1100	≈ 2000	EB.-Diesel ab 4500,-
9,30-m-**SECURA** (Stahl/Holz/Ganzstahl)	105000,-	34000,-	14400,-	4878,-	1100	1200	2480 + 950 f. Deck	EB.-Diesel ab 4500,-
10-m-**TARANGA** (Stahl od. Alu mit Holz)	110000,- (125000,-)	34000,- (39000,-)	15460,- (23296,-)	5209,-	1000	1300	2360 + 960 f. Deck	EB.-Diesel ab 4500,-
11,20-m-**Super-Secura** (Ganzstahl)	130000,-	46000,-	22180,-	6314,-	1300	1400	5679	EB.-Diesel ab 5500,-
14-m-**HYDRA** (Ganzstahl od. Alu)	210000,- (250000,-)	75000,- (100000,-)	49086,- (≈93000,-)	10172,-	1400	1700	7500 (4000)	EB.-Diesel ab 11000,-
17,50-m-**Super-Hydra** (Ganzstahl od. Alu)	450000,- (550000,-)	160000,- (195000,-)	81840,- (≈127000,-)	≈ 25000,-	≈ 2900 (≈ 3200)	≈ 3600	14000 (7000)	≈ 38000,- (neu)
11-m-**REINKE-**11er (Ganzstahl od. Alu)	135000,- (150000,-)	≈ 42000,- (≈ 47000,-)	≈ 32000,- (≈ 51000,-)	≈ 6000,-	≈ 1200	≈ 1400	≈ 3500 (≈ 1800)	EB.-Diesel ab 5500,-
10-m-**TOURINA** 100 (Ganzstahl/Alu)	93000,- (105000,-)	32000,- (43000,-)	26950,- (38860,-)	—	1000	1200	3980 (2270)	EB.-Diesel ab 5500,-
13,50-m-**TOURINA** 135 (Stahl mit Holz od. Alu)	270000,-	100000,-	—	—	1800	1900	7150	≈ 54000,- (neu)

Bemerkung: Werte in Klammern gelten für Alu-Rümpfe (bei Desty ca. auch für Total-Holzselbstbau)
* Die erhöhten DM-Werte beziehen sich auf den Voll-GFK-Rumpf inkl. Kiel und Anschlußstege (für eine System-Einrichtung).

Eine solche Kostentabelle wird in jedem Frühjahr für die HD-Typyachten nach neusten Erkenntnissen korrigiert und Interessenten zugänglich gemacht. Die Werte der Stundensatz-Tabelle ändern sich dadurch kaum, weil auch der Bauwert der einzelnen Typyacht proportional zum Geldwertverlust steigt.
Das Ergebnis in Form der Stundensatztabelle zeigt:

- Boote unter 6 m Länge sind für den Selbstbau relativ unrentabel (Ausnahmen bilden weit vorgefertigte Montagesätze, wie der neue 5,5er)
- Der Selbstbau von Rümpfen ist etwas weniger rentabel, als der Ausbau derselben (wobei entfallende Rumpftransportkosten das Bild verändern können)
- Für die am weitesten verbreiteten Typyachten gibt es inzwischen so günstig anbietende Rumpfhersteller, daß der Rumpf-Selbstbau nicht mehr so rentabel ist. (Routinierte Spezialisten arbeiten einfach schneller und brauchen keinen Helgen und keine Schablonen mehr neu anfertigen).

Trotzdem bauen HD-Selbstbauer zu ca. 80% total selbst und haben viele Gründe dafür. Die beiden wesentlichen sind der sehr kleine Kapitalbedarf, gerade im Anfang, und das Bauen und Ausbauen an einem Platz und ohne Transporte und Umstände.
Als guter Kompromiß in bezug auf die Rentabilität hat sich auch herausgestellt, beim „Schlosser um die Ecke" bauen zu lassen und selber beim Rumpfbau mitzuarbeiten. Man spart dann die Anschaffung von Werkzeug und ist viel schneller mit dem Rumpfbau fertig.
Viele Schlosser oder Stahlbauer sind an solchen konjunktur-unabhängigen Füllarbeiten interessiert und haben dann später oft als empfohlene HD-Rumpfhersteller weitergemacht.

5 Schlußbetrachtung

Wenn Sie diese komprimierten Informationen über Selbstbau-Voraussetzungen, Systeme, Bauweisen, Kosten und Arbeitsstunden in einem Zuge durchgelesen haben sollten, wird Ihnen etwas der Kopf schwirren.
Mir erging es ja schließlich nicht anders, als ich aus hunderten von Angaben Mittelwerte zu bilden und das Wesentliche vom Unwesentlichen zu trennen hatte.
Mein besonderer Kummer waren unzureichende Unterlagen in Form von reproduzierbaren Zeichnungen und druckfähigen Fotos. Besonders der größte Teil der vielen Serienbau-Firmen, die teuere Ausstellungen beschicken und viel Werbung treiben, waren nicht in der Lage, entsprechende Unterlagen rechtzeitig zur Verfügung zu stellen.
Ich war also wieder einmal darauf angewiesen, viele vorhandene Unterlagen aus Vorgängen des HD-Systems zu verwenden. Als Beispiel sind diese Unterlagen immerhin gut brauchbar. Sie ermöglichen Ihnen zumindest kritische Vergleiche.
Im Laufe der umfangreichen und zeitraubenden Untersuchungen, Fragebogen-Aktionen und vieler direkter und persönlicher Kontakte mit Selbstbauern der verschiedenen Systeme und Bauweisen, konnte ich natürlich gut Vergleiche anstellen. Meine eigenen Bemühungen um einen wertbeständigen Yacht-Selbstbau auf fachgerechter Basis scheinen demnach doch eine beachtliche Resonanz gefunden zu haben. Für den echten Selbstbau von mittleren bis größeren Metallyachten von ca. 9–17,5 m Länge wird den Typyachten des HD-Systems eine bedeutende Position im deutschsprachigen Europa nachgesagt.
Ich will diese Tatsache bewußt nicht verschweigen und der unweigerlichen Kritik begegnen, daß ich, als Beteiligter, andere Systeme und Bau-

weisen durchaus kritisch unter die Lupe nahm. Ich bin immer für klare Worte gewesen und stehe zu jeder Aussage. Begründeten Argumenten jederzeit zugänglich, bin ich jedoch nicht bereit, den Unparteiischen zu spielen. Das könnte nur der Unbeteiligte. Der jedoch wäre garantiert nicht in der Lage, echte Kriterien des Yacht-Selbstbaus überhaupt zu entdecken, geschweige denn, fachlich zu beurteilen. Wenn ich Ihnen mit meinen Ausführungen und Hinweisen, Ratschlägen und Warnungen zu mehr Klarheit über die Möglichkeiten des Yacht-Selbstbaus verholfen habe, bin ich zufrieden. Sollten Sie Fragen haben, beantworte ich diese gerne, aber nur telefonisch im Rahmen meiner kostenlosen Telefonberatung unter 0421/668838 Mo–Fr 18–20 Uhr, die allen Selbstbau-Interessenten schon seit vielen Jahren zur Verfügung steht.

Hauptsächlich zur Demonstration verwendete Selbstbau-Systeme

Folkebådcentralen ApS, Levisonsvej 5, DK – 6000 Kolding

Dantec Marine ApS, Naesvej 9, DK – 5610 Assens

LM glasfiber a/s, Rolles Møllevej 1, DK – 6640 Lunderskov

Bruce Roberts International, Inc. P. O. Box 1548, Newport Beach, CA 92663

Karl Feltz Bootswerft, Neßpriel 6, D–2103 Hamburg 95

Horst Stichnoth, Hinterm Halm 15, D – 2820 Bremen 77

HD-System-Typyachten, Kurt Reinke, Heidkuhlenweg 6, D–2820 Bremen 70